Prof. Dr. Peter Knauth / Dr. Dorothee Karl / Dr. Kathrin Elmerich

Lebensarbeitszeitmodelle

Chancen und Risiken für das Unternehmen und die Mitarbeiter

Lebensarbeitszeitmodelle

Chancen und Risiken für das Unternehmen und die Mitarbeiter

von
Prof. Dr. Peter Knauth
Dr. Dorothee Karl
Dr. Kathrin Elmerich

universitätsverlag karlsruhe

Forschungsbericht
zum Teilprojekt KRONOS des Schwerpunktprogramms
„Altersdifferenzierte Arbeitssysteme"(SPP 1184)
der Deutschen Forschungsgemeinschaft

durchgeführt am
Institut für Industriebetriebslehre und Industrielle Produktion
Abteilung Arbeitswissenschaft
Universität Karlsruhe (TH)

Impressum

Universitätsverlag Karlsruhe
c/o Universitätsbibliothek
Straße am Forum 2
D-76131 Karlsruhe
www.uvka.de

Universitätsverlag Karlsruhe 2009
Print on Demand

ISBN: 978-3-86644-322-8

Kurzfassung

Um die Arbeitsfähigkeit und Gesundheit der alternden Belegschaft zu erhalten, müssen Unternehmen bereits jetzt Maßnahmen ergreifen. Daher ist es sinnvoll, die bisher realisierten Maßnahmen zur Gesundheitsförderung, Personalentwicklung und ergonomischen Arbeitsgestaltung durch adäquate Arbeitszeitgestaltung zu ergänzen.

Ziel des Projektes KRONOS[1] war es, die Wirkungen verschiedener Arbeitszeitmodelle auf die älter werdenden Mitarbeiter zu ermitteln. Als wesentliche Erfolgsfaktoren für alternsgerechte Arbeitszeitmodelle erwiesen sich die Berücksichtigung arbeitswissenschaftlicher Empfehlungen, die Möglichkeit der Mitarbeiter, auf die Gestaltung ihrer Arbeitszeit Einfluss zu nehmen, günstige Rahmenbedingungen (z.B. Einstellung der Führungskräfte, adäquate partizipative Einführungsstrategie) sowie die Einbettung der Teilprojekte in eine betriebliche Gesamtstrategie in Bezug auf den demographischen Wandel.

Eine Reihe von Einzelergebnissen sollen hervorgehoben werden:

> ‣ Eine generelle **Verkürzung der täglichen Arbeitszeit** für alle älteren Arbeitnehmer ist nicht sinnvoll, da es in den höheren Altersklassen sehr starke interpersonelle Streuungen der Gesundheit und Arbeitsfähigkeit gibt.

> ‣ Ältere Arbeitnehmer beurteilten den Erholungswert von **Pausen** schlechter als jüngere. Dies scheint die Forderung nach mehr Pausen für Ältere zu unterstützen.

> ‣ **Schichtpläne, die nach neueren arbeitswissenschaftlichen Empfehlungen gestaltet sind** (mit schneller Vorwärtsrotation), wirken sich günstiger auf die Arbeitsfähigkeit (WAI) aus als die traditionellen, wöchentlich und rückwärts rotierenden Schichtpläne.

> ‣ Ein neues **IT-Tool** erleichtert auch für Benutzer, die keine Experten auf diesem Gebiet sind, die **arbeitswissenschaftliche Bewertung von Schichtplänen.**

---

[1] Teilprojekt des Schwerpunktprogramms „Altersdifferenzierte Arbeitssysteme" (SPP 1184) der Deutschen Forschungsgemeinschaft; durchgeführt am Institut für Industriebetriebslehre und Industrielle Produktion, Abteilung Arbeitswissenschaft der Universität Karlsruhe (TH)

V

- Da die Nachtschicht die kritischste von allen Schichten in Bezug auf Schlaf, Müdigkeit, Leistung und Gesundheit ist, ist eine Verringerung der Dosis „Anzahl Nachtschichten pro Person und Jahr" sinnvoll. Es konnte gezeigt werden, dass die **Nachtschichtbesetzung** auch bei teilautomatisierten Prozessen **ausgedünnt** werden kann, wenn Tätigkeiten aus der Nacht- in Früh- und Spätschichten verschoben werden.

- Bei einer konsequenten **betriebsärztlichen Betreuung und Auslese von Schichtarbeitern** waren die höheren Altersklassen nicht die kritischsten (healthy worker effect).

- Modelle, in denen Arbeitnehmer im Lauf ihres Berufslebens zwischen verschiedenen Wochen- oder Jahresarbeitszeiten wechseln können (**Wahlarbeitszeit**), sollten aus arbeitswissenschaftlicher, Mitarbeiter- und Unternehmenssicht in Zukunft eine größere Verbreitung finden.

- **Langzeitkonten**, die nur als Ersatz für den Wegfall der alten staatlich geförderten Altersteilzeitregelung eingeführt werden, nutzen die vielen anderen Chancen dieser Modelle nicht. Die Einbringungs- und Entnahmemöglichkeiten bei Langzeitkonten müssen für die Bedürfnisse der Zielgruppen maßgeschneidert sein.

- Ein früher **Beginn der Frühschicht** (vor 06.00 Uhr) wirkt sich negativ auf den Schlaf vor sowie die Müdigkeit und Reaktionszeiten in der Frühschicht aus.

Inhalt

1 Zusammenfassung der Erkenntnisse aus dem Forschungsprojekt KRONOS

Als wesentliche Erfolgsfaktoren für alternsgerechte Arbeitszeitmodelle erwiesen sich die Berücksichtigung arbeitswissenschaftlicher Empfehlungen, die Möglichkeit der Mitarbeiter, auf die Gestaltung ihrer Arbeitszeit Einfluss zu nehmen, günstige Rahmenbedingungen (z.B. Einstellung der Führungskräfte, adäquate partizipative Einführungsstrategie) sowie die Einbettung der Teilprojekte in eine betriebliche Gesamtstrategie in Bezug auf den demografischen Wandel.

In Tabelle 1 sind die wesentlichen Erkenntnisse zur praktischen Gestaltung alternsgerechter Arbeitszeiten, die im Forschungsprojekt KRONOS gewonnen wurden, zusammenfassend dargestellt (weitere Informationen zu den beteiligten Unternehmen und den eingesetzten Methoden siehe Tabellen 2 und 3).

Gestaltungsfeld	KRONOS Projekte	Wichtigste Erkenntnisse
Dauer der täglichen, wöchentlichen bzw. jährlichen Arbeitszeit	Teilzeit	Eine generelle Verkürzung der täglichen Arbeitszeit für alle älteren Arbeitnehmer ist nicht sinnvoll, da es in den höheren Altersklassen sehr starke interpersonelle Streuungen der Gesundheit und Arbeitsfähigkeit gibt. Es gibt zwar schon eine sehr große Zahl von praktizierten Teilzeitmodellen, die großen Chancen, die diese für den Betrieb, die Mitarbeiter und die Gesellschaft bieten, werden allerdings noch nicht ausreichend genutzt. Einer der wichtigsten Erfolgsfaktoren bei der Ausweitung von Teilzeitarbeit ist die Einstellung der Führungskräfte.
ausreichende Erholungszeiten	Kurzpausen in durchlaufenden Prozessen	Ältere Arbeitnehmer beurteilten den Erholungswert von Pausen schlechter als jüngere. Dies scheint die Forderung nach mehr Pausen für Ältere zu unterstützen. Kurzpausen machen aus arbeitswissenschaftlicher Sicht zwar Sinn, ihr Erholungswert ist jedoch geringer, wenn diese am Arbeitsplatz verbracht werden (z.B. weil die Pausenräume zu weit entfernt sind).

Lage der Arbeitszeit (Schichtarbeit)	Auswirkungen verschiedener Schichtsysteme auf den Work Ability Index (WAI)	Schichtpläne, die nach neueren arbeitswissenschaftlichen Empfehlungen gestaltet sind (mit schneller Vorwärtsrotation), wirken sich günstiger auf die Arbeitsfähigkeit (WAI) aus als die traditionellen, wöchentlich und rückwärts rotierenden Schichtpläne.
	arbeitswissenschaftliche Bewertung von Schichtplänen	Ein neues IT-Tool erleichtert auch für Benutzer, die keine Experten auf diesem Gebiet sind, die arbeitswissenschaftliche und mitarbeiterorientierte Bewertung von Schichtplänen.
	Ausdünnung der Nachtschichtbesetzung	Da die Nachtschicht die kritischste von allen Schichten in Bezug auf Schlaf, Müdigkeit, Leistung und Gesundheit ist, ist eine Verringerung der Dosis „Anzahl Nachtschichten pro Person und Jahr" sinnvoll. Es konnte gezeigt werden, dass die Nachtschichtbesetzung auch bei teilautomatisierten Prozessen ausgedünnt werden kann, wenn Tätigkeiten aus der Nacht- in Früh- und Spätschichten verschoben werden.
	Schichtarbeit und Gesundheit	Da betriebsärztliche Diagnosen und der Work Ability Index offensichtlich z.T. unterschiedliche Facetten der Arbeitsfähigkeit erfassen, erscheint eine Kombination beider Methoden sinnvoll.
		Bei dem Gesamt-Work Ability Index ergaben sich signifikante Unterschiede zwischen den Altergruppen ($< = 40$ Jahre und > 40 Jahre). Die größte Relevanz für die Arbeitsfähigkeit (WAI) hatten die betriebsärztlich diagnostizierten Krankheiten des Bewegungsapparates.
Einfluss der Mitarbeiter auf die Gestaltung ihrer Arbeitszeit	Wahlarbeitszeit	Modelle, in denen Arbeitnehmer im Lauf ihres Berufslebens zwischen verschiedenen Wochen – oder Jahresarbeitszeiten wechseln können, sind sowohl für ältere Mitarbeiter, als auch für Mitarbeiter, die mehr Freizeit haben möchten, sinnvoll und attraktiv.

	Langzeitkonten	Langzeitkonten, die nur als Ersatz für den Wegfall der alten staatlich geförderten Altersteilzeitregelung eingeführt werden, nutzen die vielen anderen Chancen dieser Modelle nicht.
		Aus arbeitswissenschaftlicher Sicht sind Sabbaticals, die der Regeneration dienen, sinnvoller als Modelle, in denen sehr viele Überstunden gefahren werden, die später (wenn vielleicht schon gesundheitliche Beeinträchtigungen vorliegen) erlauben, früher in Rente zu gehen.
		Die Einbringungs- und Entnahmemöglichkeiten bei Langzeitkonten müssen für die Bedürfnisse der Zielgruppen maßgeschneidert sein. Bei einer Befragung zur gewünschten Verwendung des Guthabens auf dem Langzeitkonto stand der vorgezogene Ruhestand an erster Stelle, gefolgt von der Familienzeit, wobei die unter Vierzigjährigen deutlich stärkeres Interesse zeigten als die Älteren.
Beginn und Ende der täglichen Arbeitszeit	Verschiebung der Schicht- wechselzeiten	Ein früher Beginn der Frühschicht (vor 06.00 Uhr) wirkt sich negativ auf den Schlaf vor sowie die Müdigkeit und Reaktionszeiten in der Frühschicht aus.

Tab. 1   Erkenntnisse aus dem Forschungsprojekt KRONOS zu verschiedenen Gestaltungsfeldern alterns- und lebensphasenbezogener Arbeitszeitmodel

3

2   Ausgangslage und Projektpartner

Externe Einflüsse auf die Arbeit wie der demografische Wandel, die Globalisierung, die Individualisierung, der Wertewandel sowie die aktuelle Arbeitsmarktsituation können sowohl Chancen als auch Risiken für die Produktivität, Arbeitsfähigkeit, Gesundheit und Arbeitszufriedenheit der Mitarbeiter und damit für die Wettbewerbsfähigkeit der Unternehmen darstellen.

Durch den demografischen Wandel werden die Bevölkerung und damit auch die Belegschaften älter. Wegen des Wegfalls der staatlich geförderten Altersteilzeitregelung 2009, wegen der Anhebung des Rentenalters und weil es in Zukunft nicht mehr genügend männliche Fachkräfte auf dem Arbeitsmarkt geben wird, müssen die Mitarbeiter in Zukunft länger im Erwerbsleben bleiben.

Um die Arbeitsfähigkeit und Gesundheit der alternden Belegschaft zu erhalten, müssen bereits jetzt Maßnahmen ergriffen werden. Daher ist es sinnvoll, die bisher realisierten Maßnahmen zur Gesundheitsförderung, Personalentwicklung und ergonomischen Arbeitsgestaltung durch eine adäquate Arbeitszeitgestaltung zu ergänzen.

Ziel des Projektes KRONOS war es, die Wirkungen verschiedener Arbeitszeitmodelle auf die älter werdenden Mitarbeiter zu ermitteln. Es sollten sowohl kurz- als auch langfristige Effekte auf der individuellen und betrieblichen Ebene analysiert werden. Dabei waren die in Tabelle 2 aufgeführten Unternehmen Projektpartner.

Die **zentralen Forschungshypothesen** des Projekts lassen sich folgendermaßen zusammenfassen:

Die Auswirkungen altersdifferenzierter Arbeitszeitmodelle sowohl auf die Gesundheit, Arbeitsfähigkeit und Zufriedenheit einer sich verändernden Belegschaft als auch auf betriebliche Leistungskenndaten werden umso positiver sein,

- ‣ je größer die Einflussmöglichkeiten der Mitarbeiter auf die Gestaltung ihrer Arbeitszeit in den verschiedenen Lebensphasen sind
- ‣ je eher arbeitswissenschaftliche Empfehlungen zur Gestaltung der Arbeitszeit berücksichtigt werden und

‣ je günstiger die Rahmenbedingungen (z. B. Einstellung der Führungskräfte zu älteren Mitarbeitern, ergonomische Arbeitsplatzgestaltung, betriebliche Weiterbildung für alle Altersklassen, lernförderliche Arbeitsbedingungen, adäquate Einführungsstrategie für neue Arbeitszeitmodelle) sind.

Durch einen Mix von unterschiedlichen Methoden (Fragebogenerhebung, Interviews, Arbeitsgruppensitzungen, Workshops, Softwareentwicklung) wurden die verschiedenen Arbeitszeitmodelle entwickelt, implementiert und evaluiert.

Unternehmen	Teilprojekte
Unternehmen 1 Automobilindustrie Standorte 1A und 1B	‣ Individuelle Arbeitszeitflexibilität ‣ Teilzeitarbeit
Unternehmen 2 Chemische Industrie	‣ Arbeitszeit und Gesundheitsförderung ‣ Teilzeit in Schichtarbeit ‣ Langzeitkonten im AT-Bereich
Unternehmen 3 Automobilindustrie Standorte 3A und 3B	‣ Tool zur Schichtplanbewertung ‣ Schichtplanumstellung
Unternehmen 4 Stahlindustrie	‣ Verschobene Schichtwechselzeit ‣ Kurzpausen
Unternehmen 5 Pharmaindustrie	‣ Langzeitkonten im gewerblichen Bereich
Unternehmen 6 Chemische Industrie	‣ Wahlarbeitszeit im Kontibetrieb

Tab. 2   Projektpartner und Teilprojekte

3   Übersicht über eingesetzte Methoden und Probleme bei der Durchführung

In Tabelle 3 werden die in den verschiedenen Teilprojekten eingesetzten Methoden zusammenfassend dargestellt.

Bei der Durchführung des Projektes sind die folgenden Probleme und Abweichungen aufgetreten:

› Unternehmen 3, Standort 3B
Mit Unterstützung der Geschäftsleitung und des Betriebsrates sowie unter Beteiligung der betroffenen Schichtarbeiter wurde ein Konzept für eine Ausdünnung der Nachschichtbesetzung erarbeitet. Durch mehrere Faktoren (z.b. Nachfrageveränderungen, Wechsel der relevanten Führungsmannschaft) wurde die Implementierung des Konzepts über das Projektende hinaus verschoben.

› Unternehmen 6
Die langfristigen Auswirkungen eines Wahlarbeitszeitmodells (37,5 / 35,0 / 33,6 Std./Woche), das vor zehn Jahren vom IIP eingeführt wurde (Knauth et al., 2003), sollten über eine Nachbefragung erfasst werden. Wegen konjunktureller Probleme musste das Unternehmen während der Periode, die für die Befragung geplant war, in Kurzarbeit wechseln. Die damit verbundenen innerbetrieblichen Irritationen machten eine sinnvolle Befragung unmöglich.

Methoden	Unternehmen 1	Unternehmen 2			Unternehmen 3		Unternehmen 4	Unternehmen 5	Unternehmen 6	gesamt
	Teilzeit	*Arbeitszeit und Gesundheit*	*Teilzeit in Schichtarbeit*	*Langzeitkonten*	*Tool zur Schichtplanbewertung*	*Alternsgerechter Schichtplan*	*Kurzpausen und verschobene Schichtwechselzeiten*	*Langzeitkonten*	*Wahlarbeitszeit*	
Arbeitsgruppensitzungen	6	8	4	2	5	3	10	5	2	45
Informationsveranstaltungen	2	-	1	1	20	1	5	10	1	41
Interviews	8	-	13	10	14	13	-	9	-	67
Befragungen	374	981	-	-	104	-	391	54	-	1904
betriebsärztliche Untersuchungen	-	981	-	-	-	-	-	-	-	981
Workshops	-	-	-	-	1	2	2	-	-	5
Messungen	-	-	-	-	-	-	2395 Aufmerksamkeitstests, 5544 Müdigkeitsskalen, 5544 körperliche Beschwerden, 2395 Schlafprobleme	-	-	15878

Tab. 3   Übersicht über Methoden, die in den verschiedenen Teilprojekten eingesetzt wurden

8

4 Eingesetzte Methoden und Ergebnisse getrennt nach Teilprojekten

Im Folgenden werden die eingesetzten Methoden und Projektergebnisse für jedes Partnerunternehmen dargestellt.

4.1 Unternehmen 1

Ausgangslage / Motivation

Ziele des Unternehmens 1 im Projekt KRONOS waren herauszufinden, wie groß die Motivation auf Seiten der Mitarbeiter und Führungskräfte ist, in Teilzeit zu arbeiten oder Teilzeitarbeit bei Kollegen und Mitarbeitern zu tolerieren und in wie weit diese Möglichkeit bereits genutzt wird.

Stichprobenbeschreibung:

Insgesamt wurden 374 Personen, sowohl Führungskräfte als auch Mitarbeiter, an den Standorten 1A und 1B befragt. Auf Seiten der Mitarbeiter waren 39 männlich und 188 weiblich (2 ohne Angaben) und von den befragten Führungskräften 6 weiblich und 136 männlich (3 ohne Angaben).

Standorte	Mitarbeiter	Führungskräfte	Gesamt
1A	187	116	303
1B	42	29	71
Gesamt	229	145	374

Tab. 4   Anzahl der befragten Mitarbeiter und Führungskräfte

Hypothesen (spezifisch) oder Forschungsfragen

Die folgenden Forschungsfragen waren Basis der Studie:

- ‣ Wird die Teilzeitarbeit von Mitarbeitern anders beurteilt als von Führungskräften?
- ‣ Wird die Möglichkeit, in Teilzeit zu arbeiten, in Abhängigkeit vom Angestelltenverhältnis, vom Geschlecht, vom Alter und vom Standort anders bewertet?
- ‣ Wie werden die Konsequenzen von Teilzeit für die Gesundheit und für die Familie gesehen?
- ‣ Wie wird der organisatorische Aufwand für die Teilzeitarbeit gesehen?

Eingesetzte Methode

Für die Untersuchungen zu den Forschungsfragen wurde ein speziell für dieses Projekt entwickelter Fragebogen eingesetzt. Dieser bezog sich auf folgende Themenkomplexe:

- ‣ Möglichkeiten und Unterstützung in Teilzeit zu arbeiten
- ‣ eingeschätzte Akzeptanz von Teilzeit aus unterschiedlichen Perspektiven
- ‣ Bedeutung von Teilzeit für den Einzelnen
- ‣ Konsequenzen von Teilzeit für Familie und Gesundheit
- ‣ organisatorische Konsequenzen

Die Items wurden in Form von Aussagen formuliert, zu denen die Befragten den Grad ihrer Zustimmung auf einer 5er Skala angeben konnten.

Auswertung der Mitarbeiterbefragung

Direkte Arbeiter beurteilen folgende Aussagen positiver als Tarifangestellte:

- ‣ Grundsätzlich habe ich den Eindruck, dass Teilzeitarbeit bei meinem Unternehmen positiv unterstützt wird.
- ‣ Grundsätzlich habe ich den Eindruck, dass Teilzeitarbeit vom Personalreferat positiv unterstützt wird.
- ‣ Zwischen zwei Teilzeitmitarbeitern, die sich einen Arbeitsplatz teilen, kommt es regelmäßig zu Abstimmungsproblemen.
- ‣ Teilzeitmitarbeiter erhalten alle Informationen, die zur Erledigung der Arbeit erforderlich sind.

- Teilzeitmitarbeiter sind in das Team/die Gruppe genauso integriert wie Voll-zeitmitarbeiter.
- Die Teilzeitanstellung hemmt die berufliche Entwicklung.
- Aufgrund meines Teilzeitarbeitsplatzes fühle ich mich weniger erschöpft, als wenn ich in Vollzeit arbeiten würde.
- Wie wichtig sind die folgenden Faktoren für ein erfolgreiches Arbeiten in Teilzeit? Die Unterstützung des Partners.

Tarifangestellte beurteilen folgende Aussage positiver als direkte Arbeiter:

- Durch Teilzeit steigt die Produktivität der Teilzeitmitarbeiter.

Ältere Mitarbeiter beurteilen folgende Aussagen positiver als jüngere Mitarbeiter:

- Was waren Ihre persönlichen Bedürfnisse (Gründe), sich für Teilzeitarbeit zu entscheiden? Betreuung von sonstigen Familienangehörigen
- Was waren Ihre persönlichen Bedürfnisse (Gründe), sich für Teilzeitarbeit zu entscheiden? Stress-/Belastungsabbau
- Durch Teilzeitarbeit sinken die Fehlzeiten.
- Die Teilzeitarbeit hat einen positiven Einfluss auf die Gesundheit.
- Der Zugewinn an Lebensqualität durch einen Teilzeitarbeitsplatz gleicht eventuelle finanzielle Nachteile aus.

Männer beurteilen folgende Aussagen positiver als Frauen:

- Teilzeitmitarbeiter sind in das Team/die Gruppe genauso integriert wie Voll-zeitmitarbeiter.
- Teilzeitmitarbeiter können an wichtigen Besprechungen nicht teilnehmen.
- Die Teilzeitanstellung hemmt die berufliche Entwicklung.
- Durch Teilzeit steigt die Motivation der Teilzeitmitarbeiter.
- Durch Teilzeitarbeit steigt die betriebliche Flexibilität.
- Das gesellschaftliche Ansehen von Vollzeitmitarbeiter ist höher als das von Teilzeitmitarbeitern.

Mitarbeiter am Standort 1A beurteilen folgende Aussagen positiver als Mitarbeiter am Standort 1B:

- ‣ Durch Teilzeit können Familie und Beruf besser vereinbart werden.
- ‣ Aufgrund meines Teilzeitarbeitsplatzes fühle ich mich weniger erschöpft, als wenn ich in Vollzeit arbeiten würde.
- ‣ Wie wichtig sind die folgenden Faktoren für ein erfolgreiches Arbeiten in Teilzeit? Die Unterstützung des Vorgesetzten

Auswertung der Führungskräftebefragung

Führungskräfte im Angestelltenbereich beurteilen folgende Aussagen positiver als Führungskräfte aus den anderen Bereichen:

- ‣ Ich habe den Eindruck, dass die Mitarbeiter ausreichend über die Regelungen zur Teilzeit informiert sind.
- ‣ Der Bedarf an Teilzeitarbeitsplätzen ist größer als das derzeitige Angebot.
- ‣ Für Teilzeitmitarbeiter ist es schwierig, an Weiterbildungsmaßnahmen teilzunehmen.
- ‣ Durch Teilzeit steigt die Motivation der Teilzeitmitarbeiter.
- ‣ Durch Teilzeit steigt die Zufriedenheit der Teilzeitmitarbeiter.
- ‣ Durch Teilzeit steigt die Produktivität der Teilzeitmitarbeiter.
- ‣ Durch Teilzeitarbeit sinken die Fehlzeiten.
- ‣ Durch Teilzeit können Familie und Beruf besser vereinbart werden.

Führungskräfte im Bereich der direkten Mitarbeiter beurteilen folgende Aussagen positiver als Führungskräfte aus den anderen Bereichen:

- ‣ Grundsätzlich habe ich den Eindruck, dass Teilzeitarbeit bei meinem Unternehmen positiv unterstützt wird.
- ‣ Zwischen zwei Teilzeitmitarbeitern, die sich einen Arbeitsplatz teilen, kommt es häufig zu Abstimmungsproblemen.
- ‣ Die Teilzeitanstellung hemmt die berufliche Laufbahn.

Führungskräfte am Standort 1A beurteilen folgende Aussage positiver als Führungskräfte am Standort 1B:

- ‣ Für Teilzeitmitarbeiter ist es schwierig, an Weiterbildungsmaßnahmen teilzunehmen.

Vergleich der Antworten der Mitarbeiter und Führungskräfte

Mitarbeiter beurteilen folgende Aussagen positiver als Führungskräfte:

- ‣ Durch Teilzeit steigt die Produktivität der Teilzeitmitarbeiter.
- ‣ Durch Teilzeit können Familie und Beruf besser vereinbart werden.

Führungskräfte beurteilen folgende Aussagen positiver als Mitarbeiter:

- ‣ Ausreichender Informationsstand der Mitarbeiter über die Regelungen zu Teilzeit.
- ‣ Für Teilzeitmitarbeiter ist es schwierig, an Weiterbildungsmaßnahmen teilzunehmen.
- ‣ Teilzeitmitarbeiter erhalten alle Informationen, die zur Erledigung der Arbeit erforderlich sind.
- ‣ Teilzeitmitarbeiter erhalten alle Informationen über wichtige Entscheidungen des Unternehmens.

Die folgenden Abbildungen stellen die unterschiedlichen Einschätzungen von Mitarbeitern und Führungskräften zusammenfassend dar.

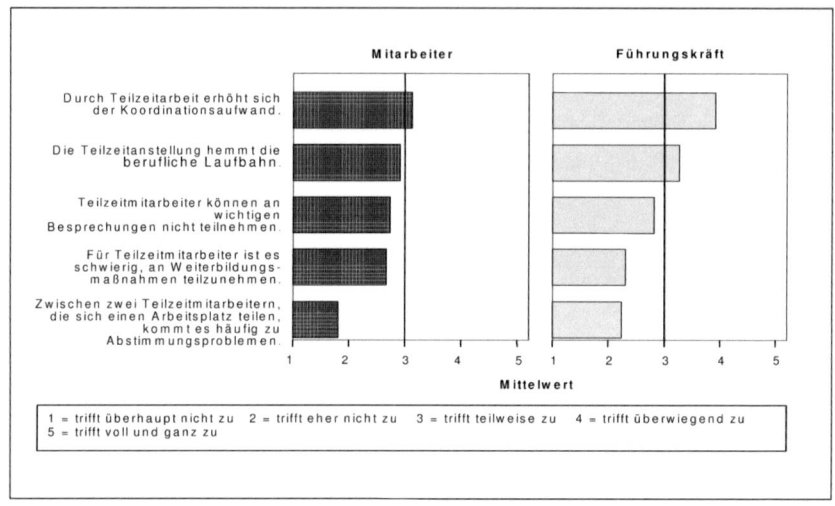

Abb. 1 Einschätzung des organisatorischen Aufwands für Teilzeit und der Auswirkung von Teilzeit auf die Karriere durch Teilzeitmitarbeiter und deren Vorgesetzte

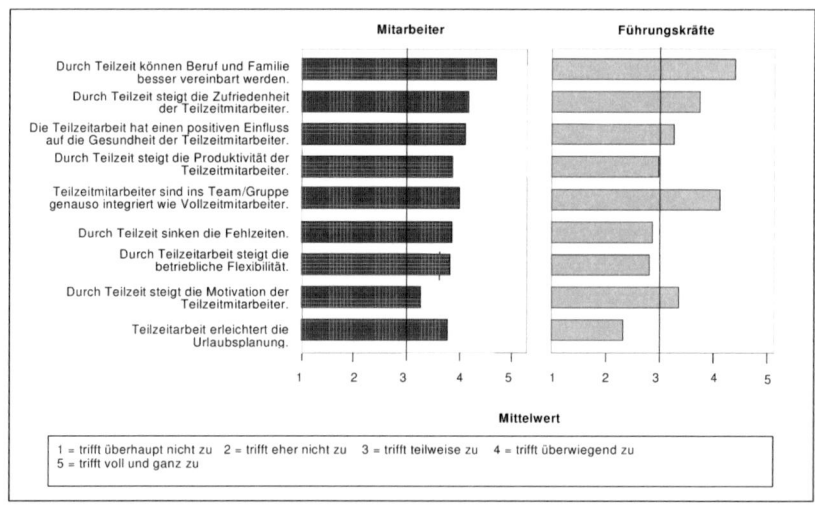

Abb. 2 Einschätzung der allgemeinen Konsequenzen von Teilzeitarbeit durch Teilzeit-mitarbeiter und deren Vorgesetzte

Zusammengefasste Ergebnisse

Es wurden sowohl Teilzeitmitarbeiter als auch deren Führungskräfte befragt. Auf Seiten der Mitarbeiter ist die Einstellung gegenüber Teilzeit positiv. Zudem gaben die Beschäftigten an, dass die Teilzeit einen positiven Einfluss auf ihre Gesundheit hat und somit Fehlzeiten verringert werden können. Weitere positive Aspekte sind die Motivationssteigerung der Teilzeitmitarbeiter und die Steigerung der betrieblichen Flexibilität.

Der Großteil der Mitarbeiter ist mit seiner vertraglich vereinbarten wöchentlichen Arbeitszeit und ihrer Verteilung zufrieden.

Die Unterstützung des Vorgesetzten wird als wichtigster Faktor für ein erfolgreiches Arbeiten in Teilzeit genannt. Insgesamt wurden die angebotenen Teilzeitmodelle als ausreichend bewertet, obwohl nur eine beschränkte Anzahl an Teilzeitstellen vorhanden ist.

Die mit Teilzeit verbundenen positivsten Effekte sahen die Führungskräfte in der Steigerung der Motivation und in der Produktivität ihrer Mitarbeiter. Auch das Sinken der Fehlzeiten wurde positiv bewertet.

Fazit

Aufgrund dieser Erkenntnisse wird empfohlen, dass die Mitarbeiter sowohl über die Vor- und Nachteile von Teilzeitarbeit als auch über die verschiedenen Möglichkeiten von Teilzeitregelungen besser informiert werden. Es wäre auch sinnvoll, wenn die Beschäftigten die Möglichkeit bekämen, Erfahrungsberichte von anderen Mitarbeitern in Teilzeit zu bekommen (z.B. über eine Broschüre oder das Intranet).

Damit die Interessierten der Belegschaft immer aktuell über die angebotenen Teilzeitstellen informiert sind, würde es sich anbieten, eine Plattform für Teilzeitpartnersuche und generelle Teilzeitangebote aufzubauen.

Für die Motivation, die Information und Umsetzung von Teilzeitarbeit kommt der Führungskraft eine maßgebliche Rolle zu. Die Führungskräfte können eine Kultur schaffen, die es den Mitarbeitern erleichtert, sich für Teilzeitmodelle zu entscheiden, ohne Sanktionen oder Karrierebeeinträchtigungen befürchten zu müssen.

4.2 Unternehmen 2

Im Unternehmen 2 waren folgende Teilprojekte Bestandteil der Untersuchung:

a) Teilzeit in Schichtarbeit

b) Langzeitkonten der AT-Angestellten

c) Arbeitszeit und Gesundheitsförderung

a) Teilprojekt „Teilzeit in Schichtarbeit"

Ausgangslage / Motivation

Ziel des Unternehmens war es, zu klären, wie das Thema Teilzeit von Führungskräften und Mitarbeitern gesehen wird und welche grundsätzlichen Rahmenbedingungen beachtet werden müssen, wenn die Möglichkeiten, in Teilzeit zu arbeiten, im Unternehmen weiter ausgedehnt werden sollten.

Letztlich sollten Handlungsempfehlungen ausgesprochen werden.

Hypothese (spezifisch)

Grundlage der Interviews und Evaluierung war die Überprüfung folgender Thesen:

1. Sowohl Mitarbeiter als auch Führungskräfte haben eine positive Einstellung zum Thema Teilzeit.

2. Teilzeit dient vorrangig zum Erhalt der Gesundheit.

Eingesetzte Methode

Zur qualitativen Analyse der Forschungsfragen wurde ein Interviewleitfaden entwickelt. Die Interviews wurden nach jeweiliger Absprache aufgezeichnet und nach der Inhaltsanalyse von Mayring (2003) ausgewertet.

Das Interview konzentrierte sich auf die folgenden Bereiche:

‣ Information zu Teilzeit

‣ Vor- und Nachteile von Teilzeit

‣ eingeschätzte Akzeptanz auf unterschiedlichen Hierarchiestufen im Unternehmen

‣ Gründe aus familiärer und gesundheitlicher Sicht, in Teilzeit zu arbeiten

‣ Erfahrungen - sowohl eigene als auch Erfahrungen von anderen Personen - zum Thema Teilzeit

Stichprobenbeschreibung

Die Interviews (n = 13) wurden in zwei Fabriken (Betrieb 1 und Betrieb 2) des Unternehmens 2 durchgeführt, in denen bereits zum Teil in Teilzeit gearbeitet wurde. Es wurden zehn Vollzeitmitarbeiter, ein Teilzeitmitarbeiter und zwei Führungskräfte befragt. Der Hauptteil der Befragten lebt mit Partner und Kindern, ist länger als zehn Jahre im Betrieb tätig und hat keine Personalverantwortung. Die Berufsausbildung ist der häufigste Bildungsabschluss.

Hypothesenbezogene Darstellung und Interpretation der Ergebnisse der Interviews

Teilzeit aus Sicht der Mitarbeiter:

Es ließ sich bei den Mitarbeitern eine fabrikabhängige unterschiedliche Sichtweise feststellen:

Während im Betrieb 1 das Thema Teilzeit sehr positiv bewertet wurde, zeigte sich im Betrieb 2 eine eher angstbesetzte Haltung. Dieses lag daran, so die Befragten, dass Teilzeit in der einen Fabrik mit den Mitarbeitern offen kommuniziert und gemeinsam nach einer Lösung geschaut wurde, wie Teilzeit zur Beibehaltung des Personalstandes eingeführt werden könnte, während sie in der anderen Fabrik zum Personalabbau eingeführt wurde.

Grundsätzlich wurden von allen Mitarbeitern folgende Punkte als positiv gesehen:

‣ Teilzeit hat viele Potenziale
‣ Teilzeit kann betriebsbedingten Kündigungen entgegenwirken
‣ Teilzeit kann eine Möglichkeit zum Erhalt und zur Förderung der Arbeitsfähigkeit darstellen

Als Nachteile wurden von den Mitarbeitern vor allem folgende genannt:

‣ Teilzeit kann als Maßnahme zum Personalabbau verwendet werden
‣ Teilzeit kann zur Arbeitsverdichtung führen, d.h. gleiche Arbeit mit weniger Personen
‣ Teilzeit bedeutet, dass man finanzielle Einbußen hinnehmen muss

Die Abbildungen 3 und 4 stellen die einzelnen Nennungen in den beiden Fabriken nochmals zusammenfassend dar.

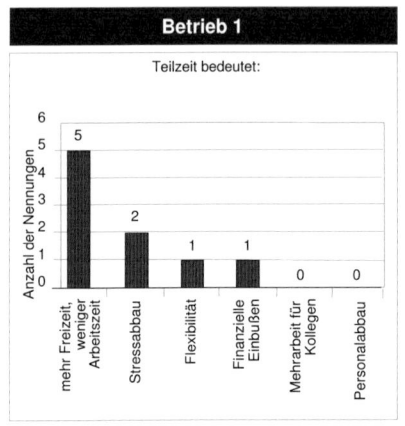 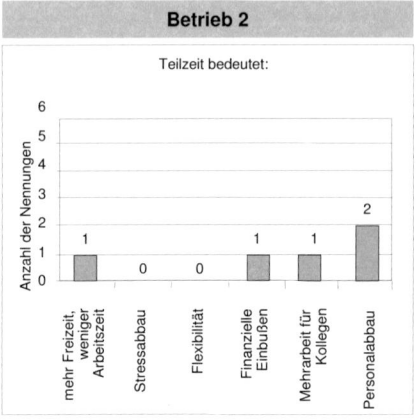

Abb. 3   Bedeutung von Teilzeit aus Mitarbeiter-Sicht

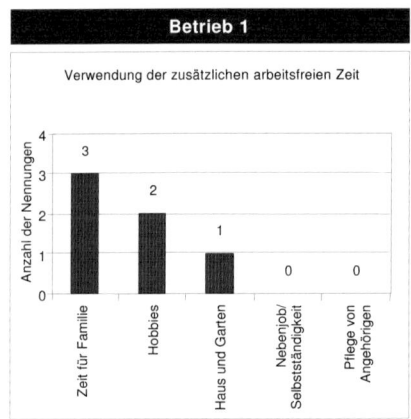 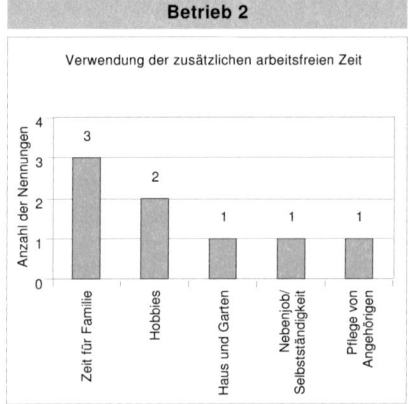

Abb. 4   Verwendung zusätzlicher Zeit aus Mitarbeiter-Sicht

In beiden Fabriken wurde die Zeit für die Familie als vorrangiges Verwendungsziel genannt.

Insgesamt zeigten die Ergebnisse weder eine eindeutig positive noch eine eindeutig negative Haltung gegenüber Teilzeit. Als positive Aspekte wurden vor allem der flexible Umgang mit Arbeitszeit, Möglichkeiten der Kapazitätsanpassung und die Beschäftigungssicherung gesehen.

Teilzeit aus Sicht der Führungskräfte:

Die Führungskräfte sehen in der Ausdehnung des Teilzeitangebotes eine Möglichkeit, neue Mitarbeiter einzustellen und positive Effekte für die Einteilung der Mitarbeiter, für ein flexibles Personalmanagement und für eine Reduktion der Arbeitsbelastung (Gesundheit, Sicherheit, Qualität, Arbeitsbewältigung).

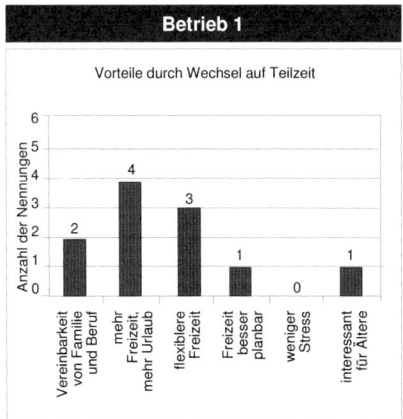 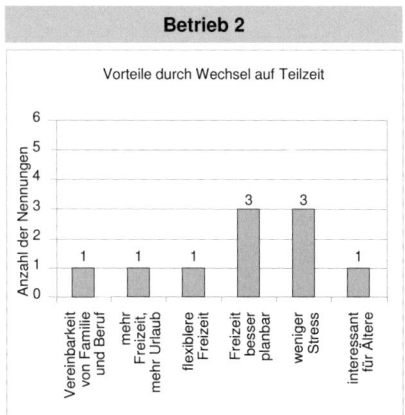

Abb. 5   Vorteile durch Wechsel auf Teilzeit aus Führungskräfte-Sicht

Die Nachteile können sich nach Meinung der Führungskräfte durch Informationsdefizite, mangelnden fachlichen Kontakt, schlechte Informationsweitergabe, Koordinationsprobleme auf der Schicht und bei der Organisation von Terminen ergeben.

Das Interesse der Mitarbeiter in Teilzeit zu arbeiten, schätzen die Führungskräfte eher negativ ein, da dieses zu finanziellen Einbußen führt und der im Zusammenhang mit Teilzeit häufig genannte Aspekt der Gesundheit von den Mitarbeitern als nicht so bedeutend gesehen würde. Ein höheres Interesse wird hingegen bei der Kombination von Teilzeit mit Zeitkontenmodellen erwartet.

Ferner wird von dieser Gruppe der Befragten angenommen, dass in Zukunft das Interesse eher wachsen wird, da der Altersdurchschnitt ansteigt und Teilzeitmodelle mit zunehmendem Alter interessanter werden.

Wichtig bei einem Wechsel auf Teilzeit ist die Klärung der:

- ‣ vertraglichen und finanziellen Bedingungen
- ‣ angepassten Leistungserwartungen
- ‣ Flexibilität in der Einteilung der Freischichten
- ‣ Fähigkeit zum Tragen einer höheren Selbstverantwortung und zur selbstständigen Informationsbeschaffung

Ergebnisse des Interviews des Teilzeitmitarbeiters

Beim Wechsel auf Teilzeit konnte der Mitarbeiter keine Unterschiede in der Arbeit mit Kollegen feststellen. Besondere Vorteile ergeben sich aus seiner Sicht in der Freizeitplanung und Fitness. Seine Ratschläge für potentielle Wechsler ist die Klärung:

- ‣ der finanziellen Änderungen
- ‣ der gesundheitlichen Vorteile
- ‣ der Verantwortung zur aktiven Informationsbeschaffung
- ‣ der intelligenten Freischichtplanung

Fazit

Die Interviews in den zwei Betrieben des Unternehmens 2 können aufgrund der sehr geringen Stichprobengröße nur erste Hinweise zum Thema Teilzeit liefern. Aber die Ergebnisse zeigen erste Eindrücke über Ängste, Wünsche und Vorstellungen der Mitarbeiter.

Generell lässt sich sagen, dass Teilzeit als eine Maßnahme im Umgang mit dem demographischen Wandel und weiteren angesprochenen Herausforderungen der heutigen Arbeitswelt als durchaus sinnvoll anzusehen ist. Auch auf Seiten der Betriebsleitung wird ein verstärkter Wechsel auf Teilzeit positiv gesehen. Vor allem die Möglichkeit der Kosteneinsparung und Stellensicherung ist für sie von entscheidender Bedeutung. Sie unterstützt daher das Thema. Auch auf Seiten des Betriebsrates wird dieses Thema im Hinblick auf den demografischen Wandel als besonders positiv bewertet.

Ein besonderes Augenmerk muss jedoch auf einer guten, transparenten und durch die Vorgesetzten unterstützten Einführung sowie auf einer Auswahl aus vielfältigen Teilzeitvarianten liegen.

Flexible Arbeitszeitmodelle und vor allem Teilzeitarbeit werden ein immer wichtigeres Gestaltungsmittel im Umgang mit dem demographischen Wandel, der

Globalisierung und dem Wertewandel der Gesellschaft. Seit Jahren ist eine stark steigende Teilzeitquote zu beobachten, da viele Unternehmen Teilzeitoffensiven gestartet haben.

b) Teilprojekt „Langzeitkonten der AT-Angestellten"

Ausgangslage / Motivation

Unternehmen 2 hatte zu Beginn des Projekts bereits seit zwei Jahren das Langzeitkonto für den AT-Bereich eingeführt. Dies resultierte aus der Einführung der Vertrauensarbeitszeit und einem damit geleisteten Bonus für nicht mehr quantifizierbare Mehrarbeit. Teile dieses Bonus werden fest in das Langzeitkonto überführt.

Hypothesen (spezifisch) oder Forschungsfragen

Als Grundlage des Gesprächs und der qualitativen Auswertung sollten folgende Aspekte überprüft werden:

1. generelle Einschätzung von Langzeitkonten
2. Einbringung und Entnahme
3. Einführung und Erfolgsmessung
4. Langzeitkonten im Unternehmensalltag.

Eingesetzte Methode

Im Rahmen dieses Teilprojekts ging es um die Beurteilung des Langzeitkontos durch AT-Angestellte. Zu diesem Zweck wurden beim Unternehmen 2 explorative Expertengespräche durchgeführt. Die Personen wurden zu folgenden Themengebieten befragt und sollten über ihre eigenen Erfahrungen berichten:

- Was ist unter einem Langzeitkonto zu verstehen?
- Für welchen Zweck wurde es eingesetzt?
- Wann und wie lange wurde es genutzt?
- Worin sehen Sie den persönlichen Nutzen?
- An welchen Stelle können Nachteile entstehen?
- Wurde das Langzeitkonto adäquat eingeführt?
- Wie kann der Erfolg gemessen werden?
- Welche Probleme können auftreten?
- Werden Langzeitkonten gern gesehen?

Stichprobenbeschreibung

Im Rahmen der Expertengespräche wurden zehn Personen befragt, die in unterschiedlichen Funktionsbereichen des Unternehmens tätig waren. In der Stichprobe waren neun Männer und eine Frau. Acht der Befragten hatten Kinder und zwei waren kinderlos. Die Altersspanne ging von 21 Jahren bis 50 Jahre.

Hypothesenbezogene Darstellung und Interpretation der Ergebnisse

Im Folgenden wird auf die Auswertung der Expertengespräche detaillierter eingegangen.

Anhand der Abbildungen 6 und 7 lassen sich die zwei wichtigsten Einbringungsmöglichkeiten erkennen.

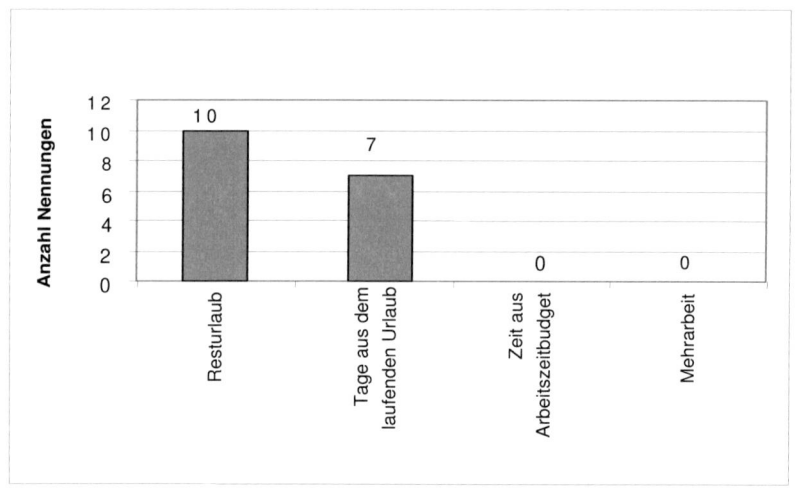

Abb. 6   Einbringungsmöglichkeit Zeit (Langzeitkonto)

Deutlich zu erkennen ist, dass vor allen die Einbringung von Urlaub auf das Langzeitkonto auf positive Resonanz stößt.

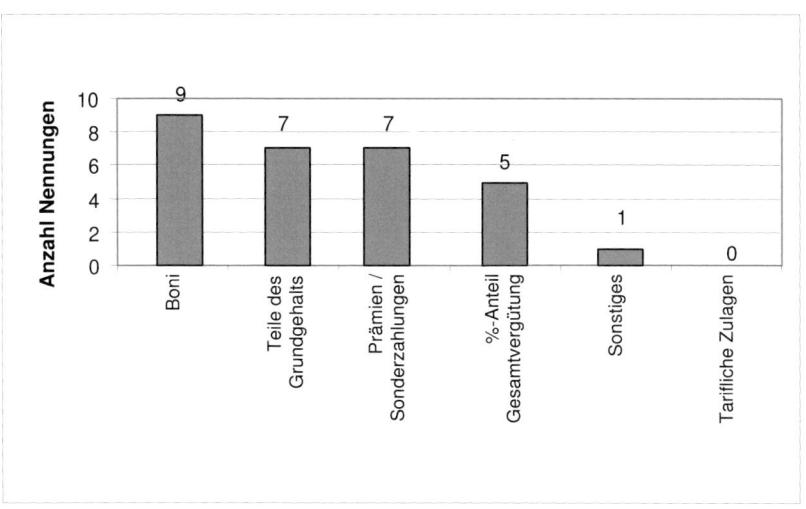

Abb. 7 Einbringungsmöglichkeit Geld (Langzeitkonto)

Auf monetärer Seite ist an erster Stelle das Boni-System bei den Einbringungsmöglichkeiten auf das Langzeitkonto attraktiv für die befragten Personen.

Als vorrangige Entnahmeziele wurden vor allem der vorgezogenen Ruhestand und
die Weiterbildung genannt. Aber auch eine Erweiterung der bestehenden Möglichkeiten wird als attraktivitätsfördernd angesehen.

Ein weiterer wichtiger Aspekt war die Art und Weise der Einführung des Langzeitkontos. Nach Ansicht der Experten gehört zu einer idealen Einführung eine um
fassende und rechtzeitlge Information und Diskussion auf Seiten der Mitarbeiter.
Zudem sollte der Sinn und Zweck genau vermittelt werden. Aber auch eine langfristige Planung auf Seiten des Unternehmens fördert eine optimale Einführung.

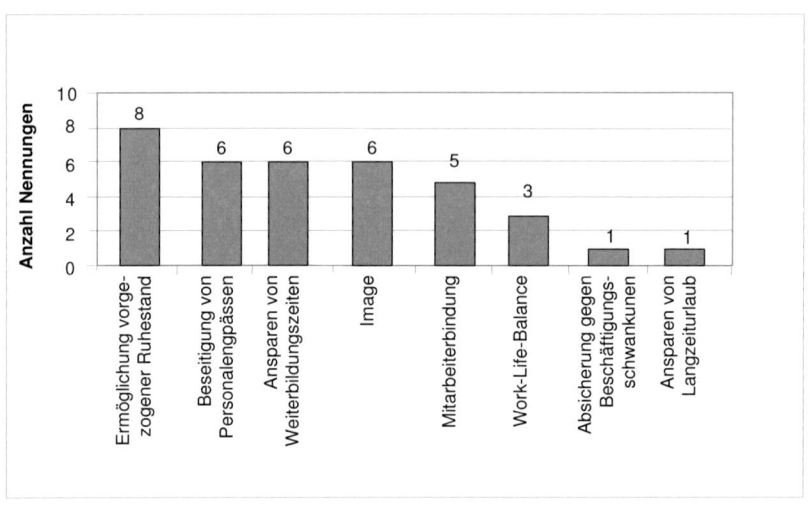

Abb. 8   Einführungsgründe für Langzeitkonten

Es zeigt sich, dass es viele sinnvolle Gründe für die Einführung von Langzeitkonten aus Sicht der Experten gibt, wie zum Beispiel den vorgezogene Ruhestand, das Image oder die Beseitigung von Personalengpässen (Abb. 8).

Neben diesen Themen wurde auch noch die Erfolgsmessung angesprochen. Dabei wurden die folgenden Erfolgsindikatoren vorgeschlagen:

‣ Wie hoch ist der Grad der freiwilligen Einbringung?
‣ Wie wird das Langzeitkonto angenommen?
‣ Wie wird die Notwendigkeit des Einbringens gesehen?
‣ Welchen Nutzen hat es für die Mitarbeiter gebracht?
‣ Werden die richtigen Mitarbeiter erreicht?
‣ Steigt dadurch die Attraktivität des Arbeitgebers?

Neben den Einbringungsmöglichkeiten, den Einführungsgründen und der Erfolgsmessung ging es auch um die Umsetzung der Langzeitkonten im Unternehmen. Dabei wurden zwei Bereiche angesprochen:

Zum einen die Kulturebene und zum anderen die Arbeitsorganisation. Es wurde deutlich, dass das Work-Life-Balance-Konzept noch nicht konsequent genug umgesetzt wird. Ebenso gibt es noch große bereichsspezifische Unterschiede der Führungskultur. In Bezug auf die Arbeitsorganisation wurden die Personalplanung, also die Umschichtung und die Neubesetzung sowie die Personalentwicklung angesprochen.

Wichtig ist bei der Personalentwicklung, dass die Wissensbestände gesichert werden und dass ein Transfer von personengebundenem Wissen gefördert wird.

Generell kann folgender Schluss gezogen werden: Das Langzeitkonto kann während des Berufslebens sinnvoll genutzt werden. So können sowohl Qualifizierungsmaßnahmen als auch eine frühere Verrentung zu guten Konditionen realisiert werden.

Im vorliegenden Fall waren die Entnahmemöglichkeiten aus dem Langzeitkonto nur auf diese beiden Optionen beschränkt. Um präventive Wirkungen von Langzeitkonten zu nutzen, sollten Sabbaticals auch für andere Zwecke (z.b. Work-Life-Balance, Auszeit zur Erholung, Hobbys) ermöglicht werden (Tab. 5).

Vorteile von Langzeitkonten	Nachteile von Langzeitkonten
‣ früher aus dem Arbeitsleben ausscheiden ‣ im Alter weniger arbeiten ‣ Zeitspitzen abdecken ‣ Auszeiten gönnen ohne große finanzielle Einbußen ‣ Freiraum wird geschaffen (beruflich und familiär) ‣ für Unternehmen: Alternative zu Altersteilzeit	‣ zweckbestimmte Verwendung ‣ gesundheitliche und soziale Beeinträchtigungen durch mögliche Selbstausbeutung ‣ besonderer Nutzen von Langzeitkonten unklar ‣ Nutzen erst langfristig sichtbar, speziell für Jüngere ‣ „Störfall"

Tab. 5   Vor- und Nachteile von Langzeitkonten

Fazit

In diesem Teilprojekt wurden AT-Angestellte des Unternehmens 2 befragt. Diese wurden gebeten, ihre persönliche Meinung über Langzeitkonten im Unternehmens-alltag und ihre generelle Einschätzung zu Langzeitkonten wiederzugeben.

Neben den zahlreichen Vor- und Nachteilen lassen sich die folgenden Kernziele definieren:

> ‣ Während des Berufslebens bietet das Langzeitarbeitskonto die Möglichkeit zur Qualifizierung für bestimmte Mitarbeitergruppen.

> ‣ Am Ende des jeweiligen Arbeitslebens ist eine frühere Verrentung zu guten Konditionen möglich. Dies bedeutet eine attraktive Altersversorgung.

Aufgrund der kleinen Stichprobe kann es keinen Anspruch auf eine Generalisierung der Ergebnisse geben. Da die Mitarbeiter aus unterschiedlichen

Funktionsbereichen kamen, spiegeln die Ergebnisse verschiedenste Perspektiven wieder.

Bei der Einführung von Langzeitkonten sind eine grundsätzliche Zielklärung wie auch umfassende Informationen von großer Bedeutung

Aber auch die Vor- und Nachteile für die verschiedenen Altersgruppen müssen transparent sein. Ebenso erscheint es sinnvoll, ein Erfahrungsmanagement aufzubauen, um den Wissensbestand langfristig (z.b. für Sabbaticals und vorzeitigen Ruhestand) zu sichern.

Als Fazit kann festgehalten werden, dass es sich bei den aktuellen Langzeitkonten der AT-Angestellten um ein reaktives und kein präventives Instrument zur Begegnung des demografischen Wandels handelt, das die vielen möglichen Chancen von Sabbaticals nicht nutzt.

c) Teilprojekt „Arbeitszeit und Gesundheitsförderung"

Ausgangslage / Motivation

Bei dem Unternehmen 2 sollte vor dem Hintergrund des demografischen Wandels die Arbeitsfähigkeit von gewerblichen Mitarbeitern in drei unterschiedlichen Arbeitszeit-systemen untersucht werden. Hierbei handelt es sich um die Systeme 3x12-Stunden-Schicht, 4x12-Stunden-Schicht und Tagarbeit.

Für diese Untersuchung wurden während der betriebsärztlichen Untersuchung für die Kontrastierung der objektiven, medizinischen und der subjektiven Daten der angepasste KRONOS-Fragebogen an die Mitarbeiter ausgegeben.

Hypothesen (spezifisch)

Folgende Hypothesen waren Grundlage der Untersuchung:

1. Schichtarbeit und Tagarbeit wirken unabhängig vom Alter unterschiedlich auf die subjektive Gesundheit (Work Ability Index).

2. Ältere und jüngere Mitarbeiter zeigen signifikante Unterschiede in den gestellten Diagnosen auf.

3. Es besteht ein statistischer Zusammenhang zwischen den arbeitsmedizinischen Konstrukten und dem Work Ability Index.

Eingesetzte Methoden

Nach Bildung einer Arbeitsgruppe aus relevanten Funktionsbereichen des Unternehmens erfolgten in regelmäßigen Treffen die Methoden-, Ablauf- und datenschutzrechtliche Abstimmung und ein Pretest. Daran anschließend fanden über mehrere Monate die betriebsärztlichen Untersuchungen in Kombination mit der arbeitswissenschaftlichen Befragungen statt. Die Ergebnisse der Auswertung, die an der Universität Karlsruhe stattfand, werden im Folgenden detailliert dargestellt.

Eingesetzte Fragebogeninhalte (z.T. aus dem Standard Shiftwork Index SSI von Barton et al., 1995):

> ‣ Arbeitszeitautonomie

> ‣ soziodemografische Variablen

> ‣ Zufriedenheit

> ‣ Belastungen

> ‣ Schlaf, Müdigkeit

> ‣ subjektive Gesundheit (modifizierte Kurzform des Work Ability Index, WAI)

Für die Evaluation der Arbeitsfähigkeit (Ilmarinen und Tuomi, 2004) wurde die ins Deutsche übersetzte Kurzversion des Work Ability Index (WAI) eingesetzt (http://www.arbeitsfaehigkeit.net/) und nach den Wünschen der Mitarbeiter in den Pretests leicht modifiziert.

Die Modifikation umfasst die Aufteilung der klassischen Antwortkategorie „ja, eigene Einschätzung" in „manchmal" und „häufig" (Abb. 9).

Haben Sie Beschwerden oder Krankheiten aus folgender Liste	nein	ja, eigene Einschätzung		ja, Diagnose von Arzt
		manchmal	häufig	
Herz-Kreislauferkrankungen (z.B. Bluthochdruck, Herzkrankheit, Herzinfarkt)	☐	☐	☐	☐

Abb. 9   Auszug aus der modifizierten WAI-Dimension 3

Diese Modifikation wurde vorgenommen, da verschiedene Autoren (u.a. Heikkinen, 1995; Lehr, 1997 und Künemund, 2000) die subjektive Einschätzung der Gesundheit als einen besseren Prädiktor ansehen als die objektiv eingeschätzte, d.h. vom Arzt diagnostizierte Gesundheit. So können bereits manchmal auftretende

Gesundheitsstörungen erste Anzeichen einer ernsten Erkrankung darstellen, denen präventiv begegnet werden kann (z.B. durch Arbeitszeitgestaltung).

Ein weiterer Grund ist, dass die Mitarbeiter (wie die Ergebnisse in den Pretests zeigten) ohne die Alternative „manchmal" die Spalte „nein" angekreuzt hätten.

Statistische Methodik

Für die statistischen Untersuchungen wurden zehn Konstrukte entwickelt, die auf den Daten der arbeitsmedizinischen Untersuchungen basieren.

1. Framingham und PROCAM Infarktrisiko
    Die Tabelle 6 stellt die Inhalte zur Berechnung der beiden Infarktrisiken dar.

Inhalte	Framingham	PROCAM
Alter	x	x
HDL	x	x
LDL		x
Systolischer Blutdruck	x	x
Raucherstatus	x	x
Gesamtcholesterin	x	
Diabetes		x^2
Triglyceride		x
Herzmuskelinfarkt vor dem 60. Lebensjahr bei Verwandten 1. Grades		x^3

Tab. 6   Inhalte der Infarktrisiken Framingham und PROCAM

2. Weitere Konstrukte
    Die Tabelle 7 zeigt die Zusammensetzung der weiteren Konstrukte auf.

---

[2] Diabetes wird angenommen bei einer vorliegender Diagnose ICD E10.0 bis E14.9 oder Glucose > 119.
[3] Anmerkung: Bei der Berechnung des Infarktrisikos wurde diese Frage immer mit „Nein" beantwortet.

Zusammensetzung Konstrukt	Berechnung, Inhalt	Relevante ICDs[4]
Krankheit des Bewegungsapparates	Relevante ICDs	M00 - M99 ohne M40 - M43.9, M62, M62.6, M62.8, M95.0 - M95.9
Krankheit der (unteren) Atemwege	Relevante ICDs und FVC% < 80 oder (FEV1/FVC) < 70	J00 - J99 ohne J00 - J39.9, J68.0 - J69.8, J81, J85 - J 86.9, J90 - J93.9, J95 - J95.9
(Chronische) Hautkrankheiten	Relevante ICDs	L00 - L99 ohne L03.0 - L08.9, L22, L24.0 - L24,9, L26, L27.0 - L27.9, L42, L55.0 - L57.9, L58.0, L60.0 - L62.8, L64.0 - L65.9, L67.0 - L68.9, L72.0 - L75.9, L84, L89.0 - L89.9
Psychiatrische Krankheiten	Relevante ICDs	F00 - F99 ohne F17.0 - F17.9, F51.0 - F51.9, F53.0 - F59, F64.0 - F66.9, F80.0 - F98.9
Missbräuchlicher Alkoholkonsum	Relevante ICDS und MCV > 100, GGT > 142	F10.1 - F10.9
Rauchen	Nichtraucher, Ex-Raucher, Raucher	-
Body Mass Index (BMI)	<25, >24.9, <30, >29.9	-
Bauchumfang	<103 vs. >102 cm	-
Körperliche Aktivität	Stunden/Woche	-

Tab. 7   Zusammensetzung der arbeitsmedizinischen Konstrukte

Um einen möglichen Zusammenhang zwischen den Konstrukten und dem WAI zu untersuchen, wurde der Korrelationskoeffizient nach Pearson mit einem zweiseitigen,

---

[4] ICD: International Statistical Classification of Diseases and Related Health Problems (ICD-10), die Internationale Klassifizierung von Krankheiten der Weltgesundheitsorganisation

Signifikanztest berechnet. Hierzu wurden die Konstrukte – falls erforderlich - in eine Intervallskala überführt. Ergänzend erfolgte eine Betrachtung von Kreuztabellen. Die Ergebnisse wurden mit weiteren Tests wie beispielsweise Mittelwertvergleichen oder der Verwendung von Kontrollvariablen überprüft.

Stichprobenbeschreibung

An den Untersuchungen nahmen insgesamt 981 Männer aus verschiedenen Betrieben des Unternehmens 2 (271 aus der 3x12-Stunden-Schicht, 353 aus der 4x12-Stunden-Schicht und 357 aus der Tagarbeit) teil.

Das 3x12-Stunden-Schichtsystem hat folgendes Grundschema: 1 Frühschicht, 1 Nachtschicht, 1 Tag frei. Hierbei müssen im Jahr 57 Freischichten realisiert werden. In dem 4x12-Stunden-Schichtsystem folgen auf 1 Frühschicht und 1 Nachtschicht zwei freie Tage, so dass in dieses Arbeitszeitsystem lediglich vier Freischichten im Jahr integriert werden müssen.

Aus Abbildung 10 ist die Altersverteilung der einzelnen Arbeitszeitsysteme zu entnehmen.

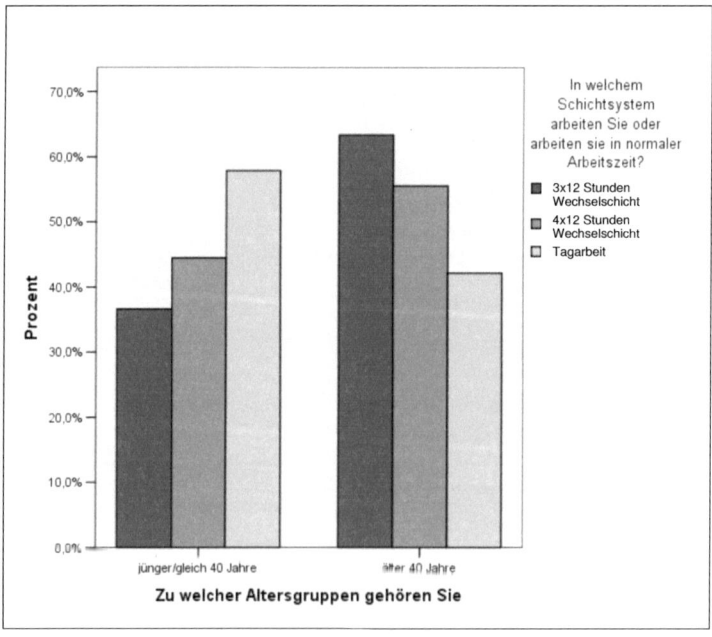

Abb. 10   Altersverteilung der Stichproben

Zusammengefasste Ergebnisse

Im Folgenden werden die Work-Ability-Ergebnisse nach Schichtsystemen und nach dem Alter vorgestellt. Daran anschließend erfolgt die Darstellung der Ergebnisse des modifizierten WAI. Außerdem werden Zusammenhänge zwischen den arbeitsmedizinischen Daten auf der einen Seite sowie dem Alter, den Arbeitszeitsystemen und einzelnen WAI-Dimensionen untersucht.

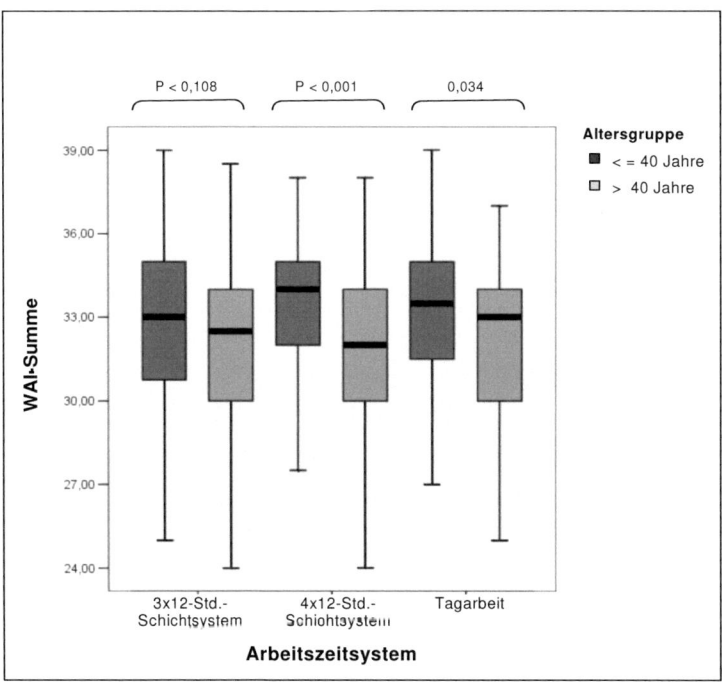

Abb. 11 Summe des Work Ability Index nach Arbeitszeitsystemen und Altersgruppen

Aus Abbildung 11 ist zu erkennen ist, dass bei dem Work Ability Index im 4x12-h-Schichtsystem und bei Tagarbeit signifikante Unterschiede zwischen den Altersgruppen (<=40 Jahre und >40 Jahre) bestehen, jedoch nicht wie in den Hypothesen angenommen zwischen den verschiedenen Arbeitszeitsystemen. Hier zeigen sich jedoch Unterschiede hinsichtlich der arbeitsmedizinischen Konstrukte, dargestellt in den Abbildungen 12 bis 22.

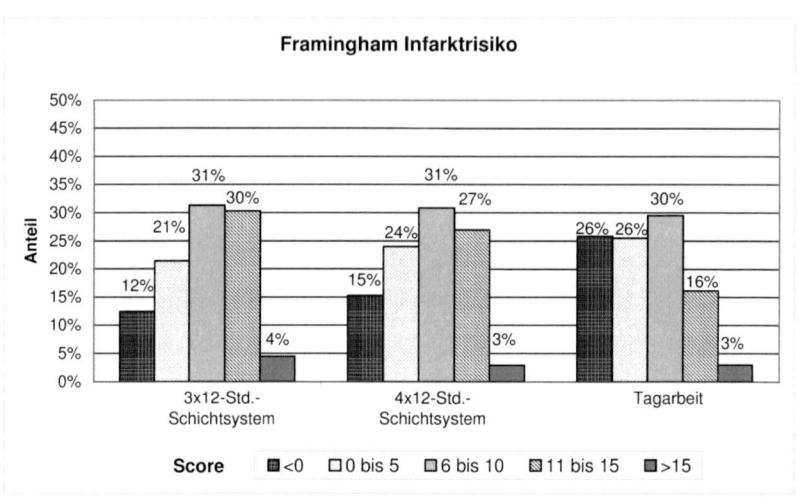

Abb. 12 Relative Häufigkeiten des Framingham Infarktrisikos (Arbeitszeitsysteme)

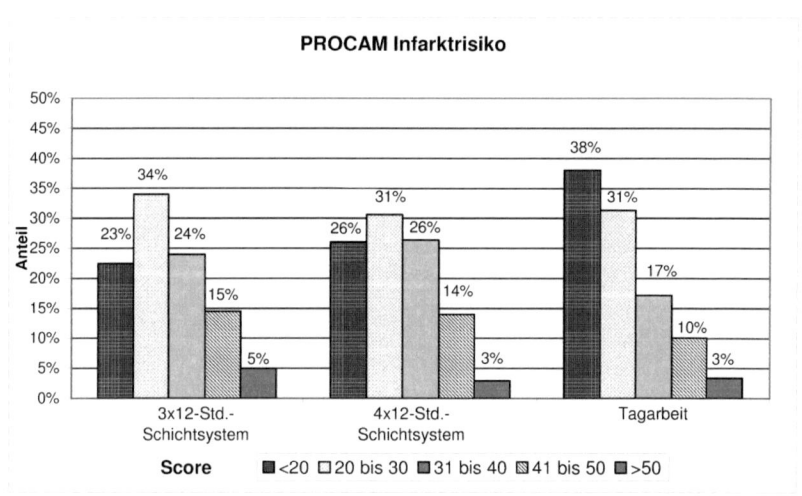

Abb. 13 Relative Häufigkeiten des PROCAM Infarktrisikos (Arbeitszeitsysteme)

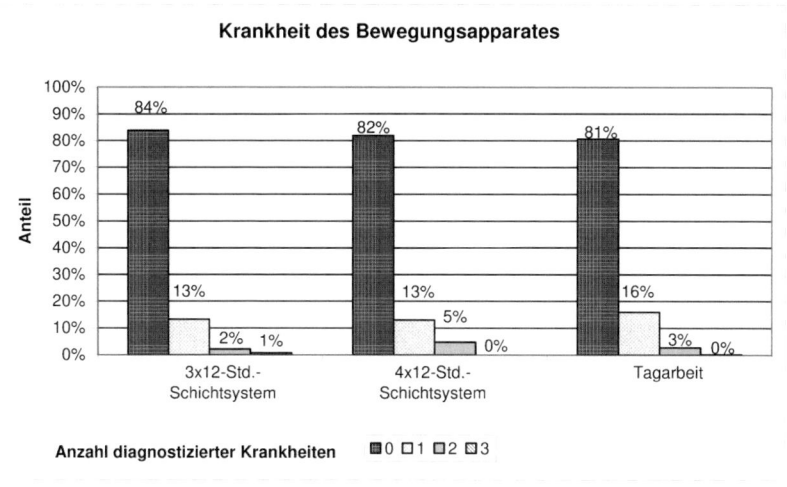

Abb. 14 Relative Häufigkeiten der diagnostizierten Krankheiten des Bewegungsapparates
(Arbeitszeitsysteme)

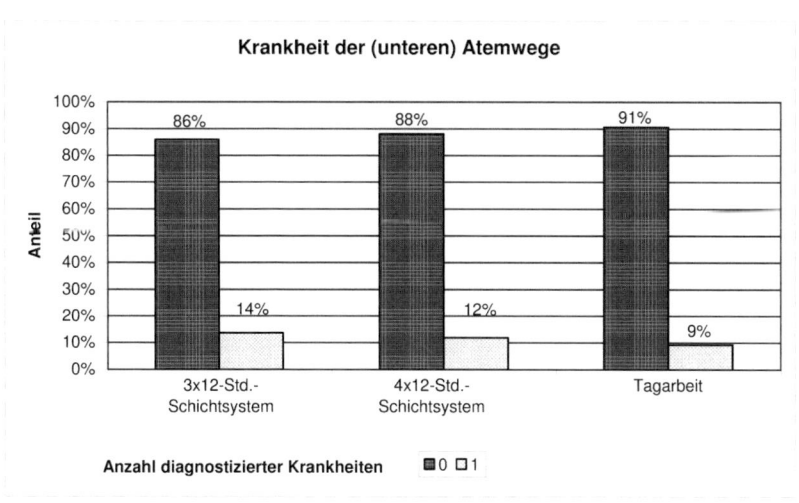

Abb. 15 Relative Häufigkeiten der diagnostizierten Atemwegserkrankungen
(Arbeitszeitsysteme)

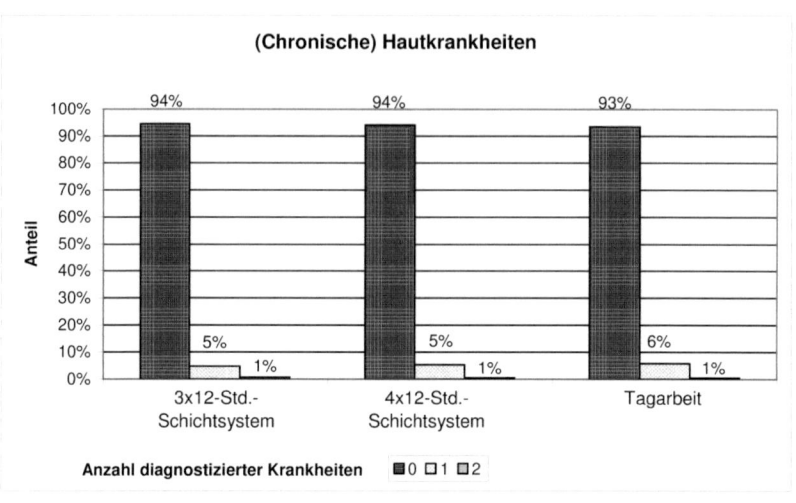

Abb. 16 Relative Häufigkeiten der diagnostizierten Hautkrankheiten (Arbeitszeitsysteme)

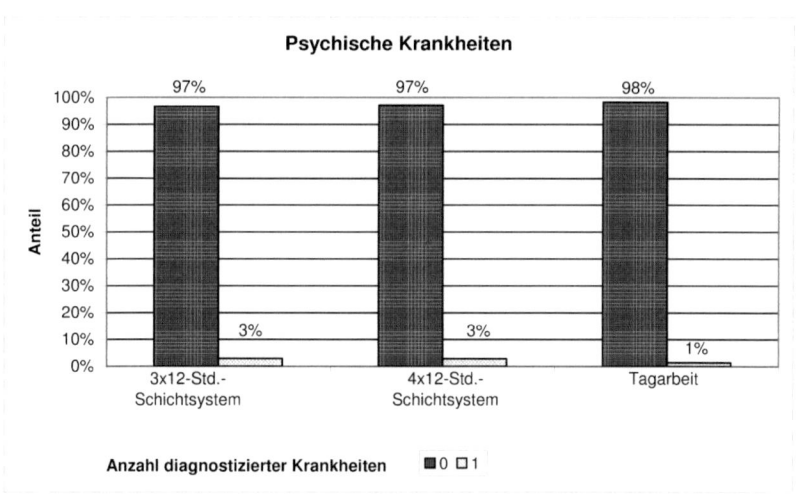

Abb. 17 Relative Häufigkeiten der diagnostizierten psychischen Krankheiten (Arbeitszeitsysteme)

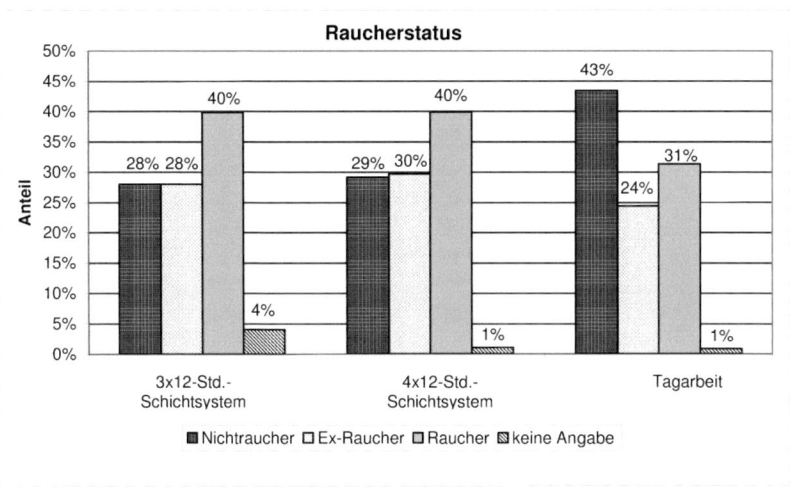

Abb. 1   Relative Häufigkeiten des Raucherstatus (Arbeitszeitsysteme)

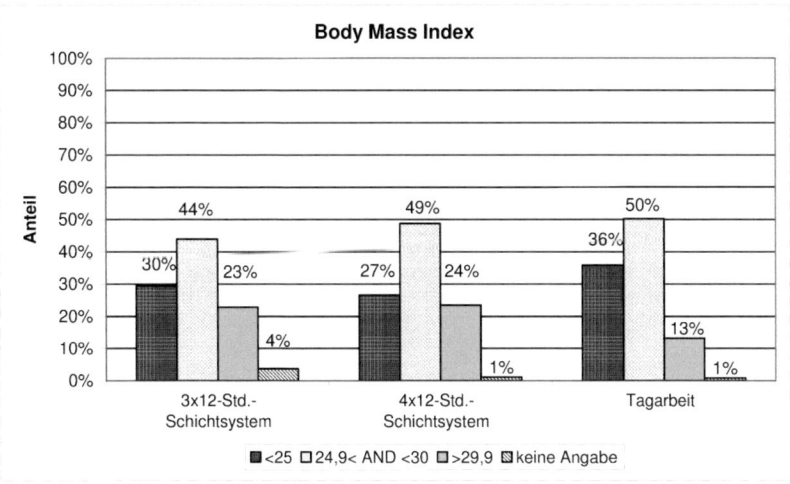

Abb. 2   Relative Häufigkeiten des BMI (Arbeitszeitsysteme)

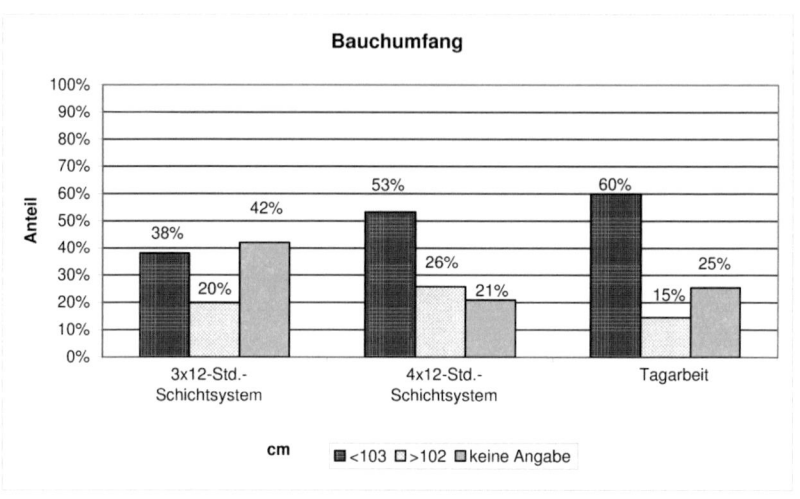

Abb. 1   Relative Häufigkeiten des Bauchumfangs (Arbeitszeitsysteme)

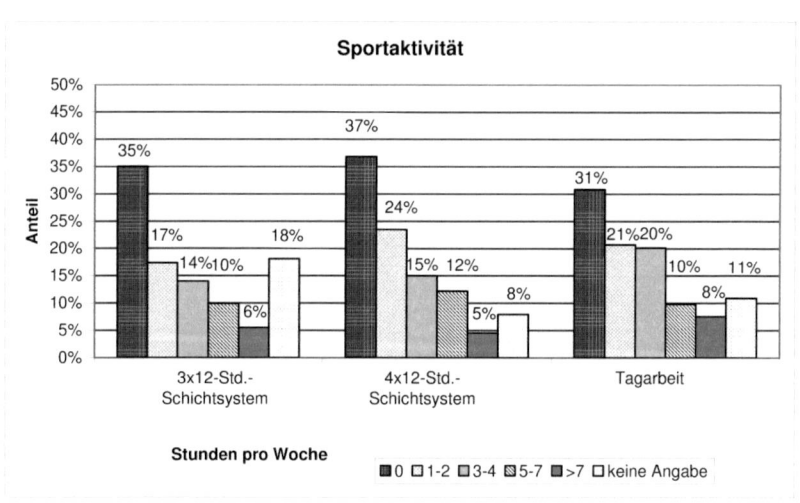

Abb. 2   Relative Häufigkeiten der sportlichen Aktivität (Arbeitszeitsysteme)

Von entscheidender Bedeutung ist allerdings die zunehmende Streuung der WAI-Summen bei den höheren Altersklassen (siehe Abb. 23).

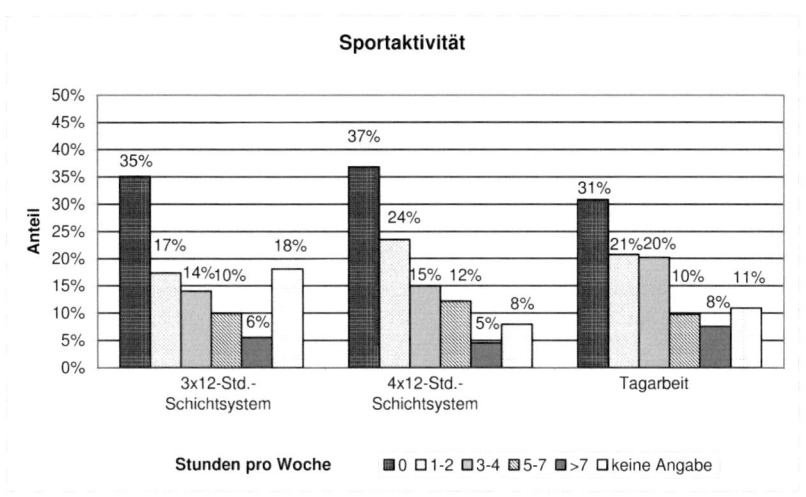

Abb. 22 Relative Häufigkeiten der sportlichen Aktivität (Arbeitszeitsysteme)

Von entscheidender Bedeutung ist allerdings die zunehmende Streuung der WAI-Summen bei den höheren Altersklassen (siehe Abb. 23).

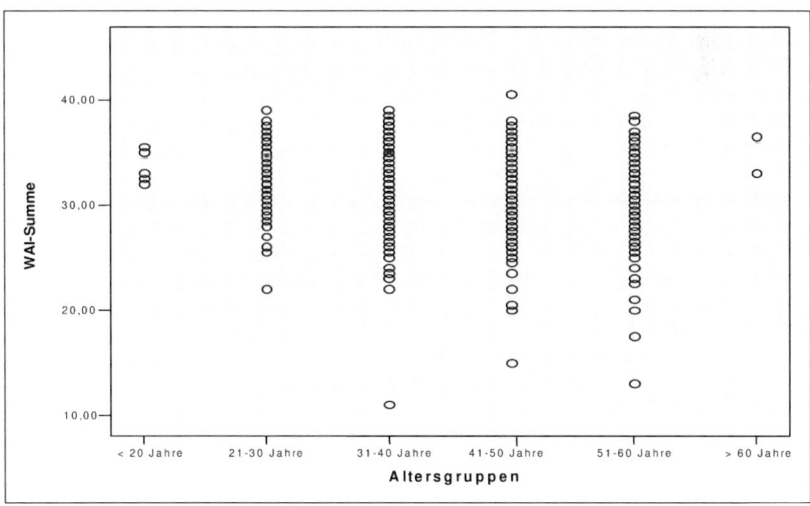

Abb. 23 WAI-Summen nach Altersgruppen

Es existieren keine signifikanten Unterschiede bei der subjektiven Einschätzung von Beschwerden, wie z.b. Herz-Kreislauf-Erkrankungen und Magen-Darm-Erkrankungen, zwischen den verschiedenen Arbeitszeitsystemen. Bei den Ergebnissen der modifizierten Form des WAI konnten keine Altersunterschiede identifiziert werden. Interessanterweise lieferte die modifizierte Form des WAI durch die zusätzlichen Antwortmöglichkeiten bei den Beschwerden „ja, manchmal" und „ja, häufig" ein z.t. konträres Bild zur Antwortmöglichkeit „ja, Diagnose vom Arzt", so dass es Ziel einer Langzeitstudie sein könnte, die prognostische Validität dieser modifizierten Form zu überprüfen.

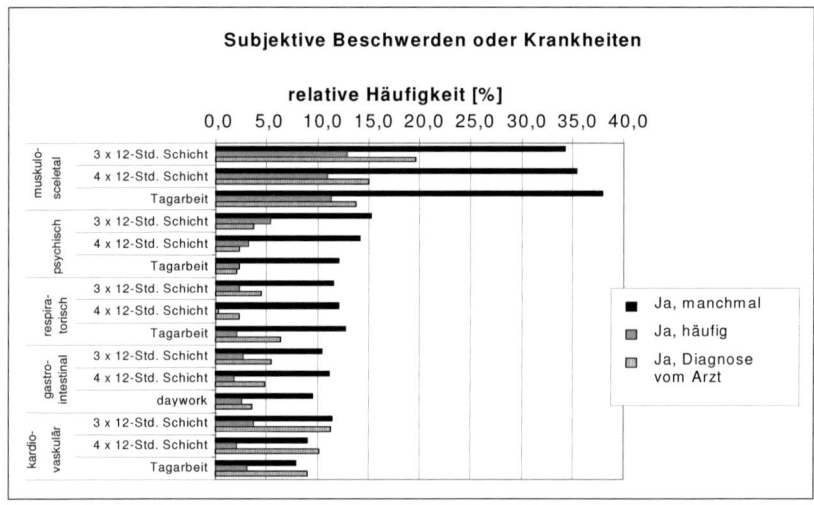

Abb. 24 Antworten im modifizierten WAI-Fragebogen in Abhängigkeit von Arbeitssystem

Bezogen auf die Hypothese 3 (S. 26) konnten die folgenden signifikanten Korrelationen mit den WAI-Summenwerten identifiziert werden:

› Framingham Infarktrisiko: $p < 0,001$
› PROCAM Infarktrisiko: $p < 0,001$
› Krankheiten des Bewegungsapparates: $p < 0,001$

Bezüglich der allgemeinen Zusammenhangsbetrachtung des WAI mit den arbeitsmedizinischen Daten ist festzuhalten, dass kein starker Zusammenhang der Konstrukte
mit der ermittelten Arbeitsfähigkeit vorhanden ist, selbst nicht bei den oben genannten
höchst signifikanten Korrelationen. Dies verdeutlicht die Komplexität der Ein-
flussfaktoren der Arbeitsfähigkeit. Die größte Relevanz für die Arbeitsfähigkeit
besitzen die diagnostizierten Krankheiten des Bewegungsapparates. Bei der Interpretation der Zusammenhänge zwischen den Infarktrisiken und der WAI-Summe ist zu
beachten, dass die Altersstruktur innerhalb der einzelnen Schichtsysteme differiert
(siehe Abb. 25) und das Alter jedoch als direkter Faktor in die Berechnung der Infarktrisiken eingeht.

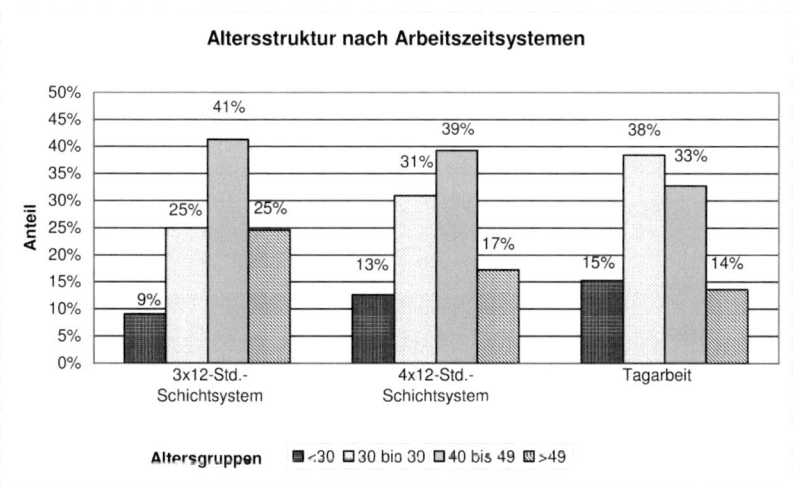

Abb. 25 Altersstruktur nach Arbeitszeitsystemen

Vergleich der Altersgruppen

Analog zur Betrachtung der Arbeitszeitsysteme sind in den folgenden Abbildungen die
relativen Häufigkeiten der arbeitsmedizinischen Konstrukte dargestellt, diesmal jedoch
die vier Altersgruppen im Vergleich. Da das Alter unmittelbar in die Berechnung der
beiden Infarktrisikowerte eingeht, ist ein Vergleich der Altersgruppen in diesem Falle
nicht sinnvoll.

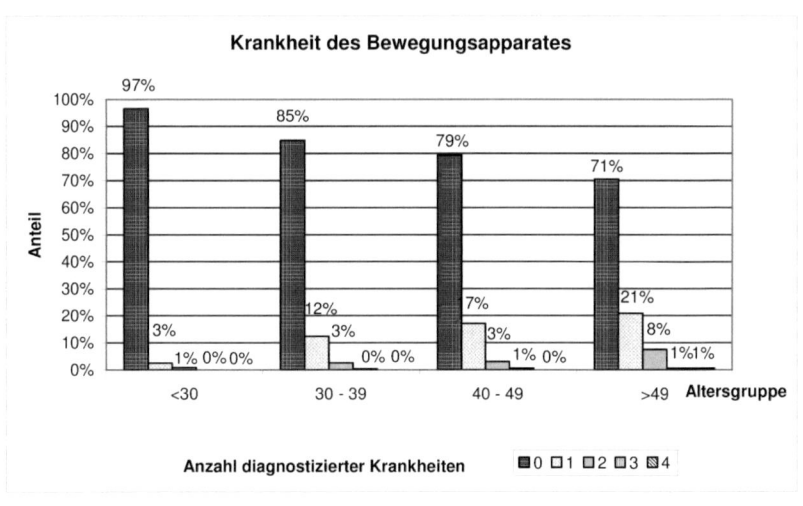

Abb. 26 Relative Häufigkeiten der diagnostizierten Krankheiten des Bewegungsapparates
(Altersgruppen)

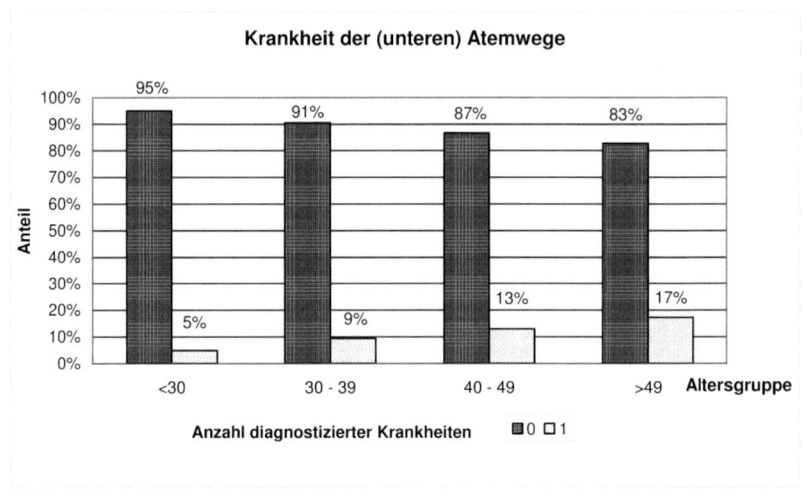

Abb. 27 Relative Häufigkeiten der diagnostizierten Atemwegserkrankungen (Altersgruppen)

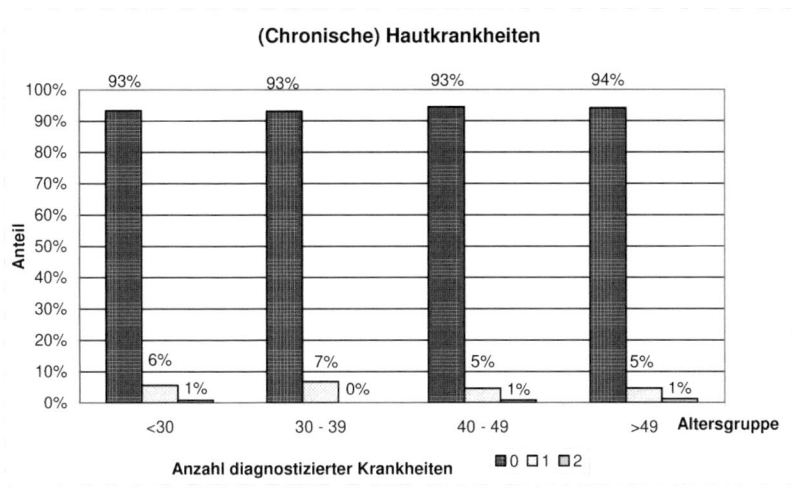

Abb. 28 Relative Häufigkeiten der diagnostizierten Hautkrankheiten (Altersgruppen)

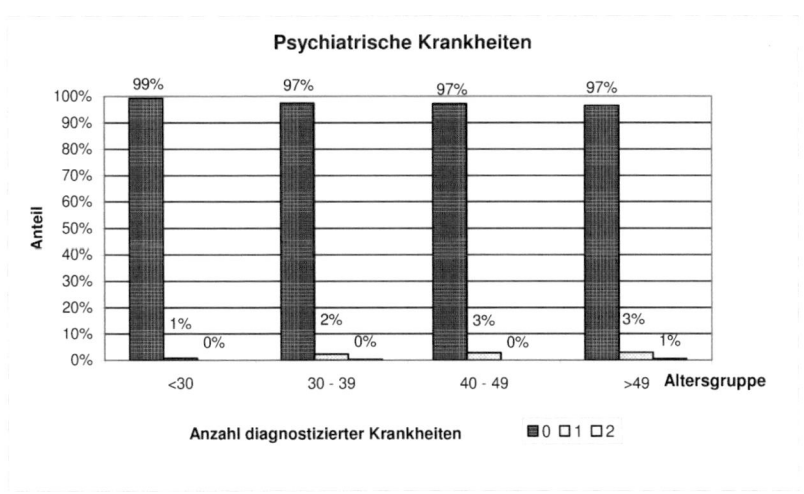

Abb. 29 Relative Häufigkeiten der diagnostizierten psychiatrischen Krankheiten
(Altersgruppen)

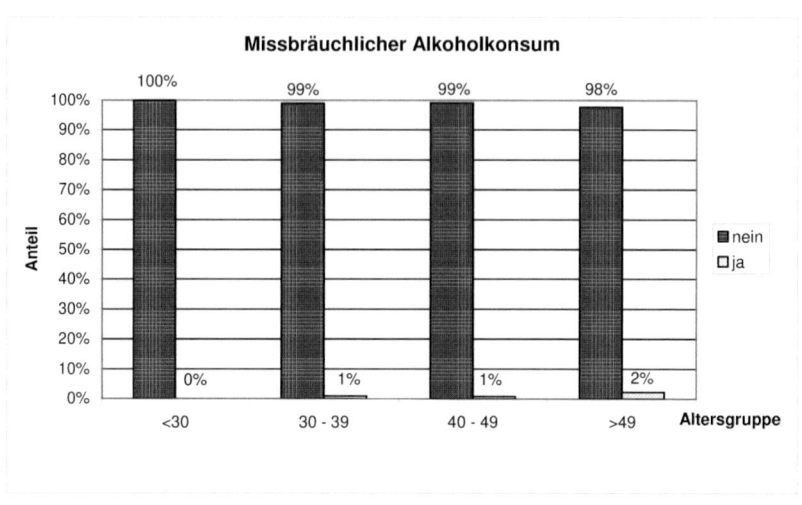

Abb. 30 Relative Häufigkeiten des missbräuchlichen Alkoholkonsums (Altersgruppen)

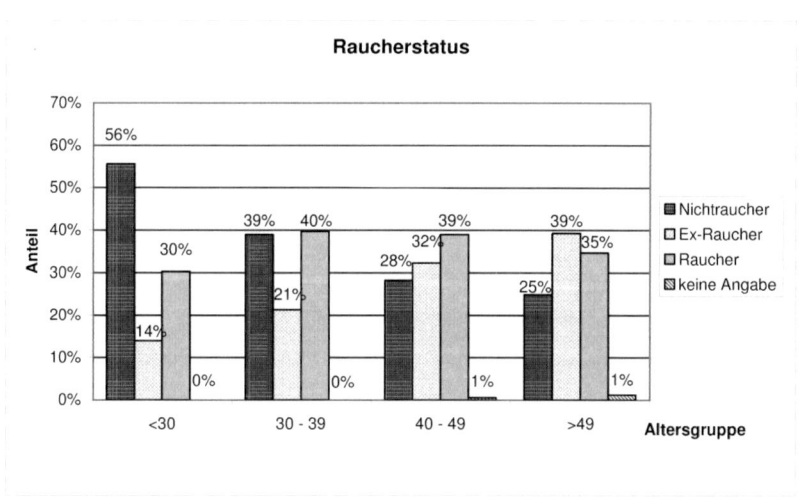

Abb. 31 Relative Häufigkeiten des Raucherstatus (Altersgruppen)

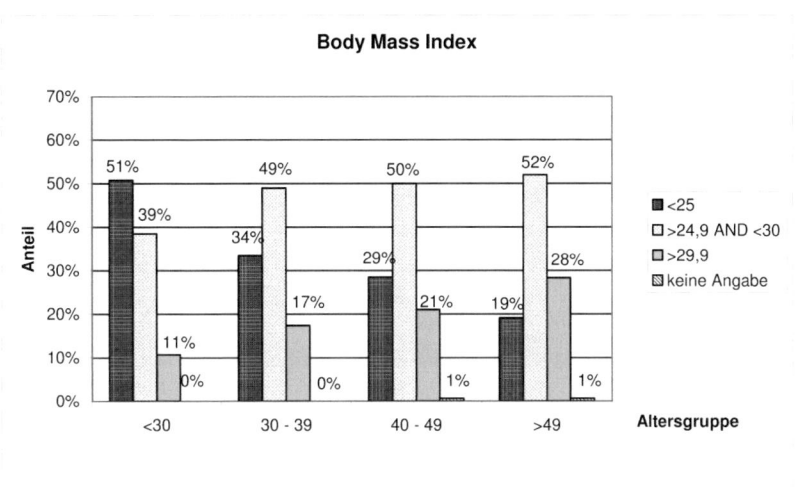

Abb. 32 Relative Häufigkeiten des BMI (Altersgruppen)

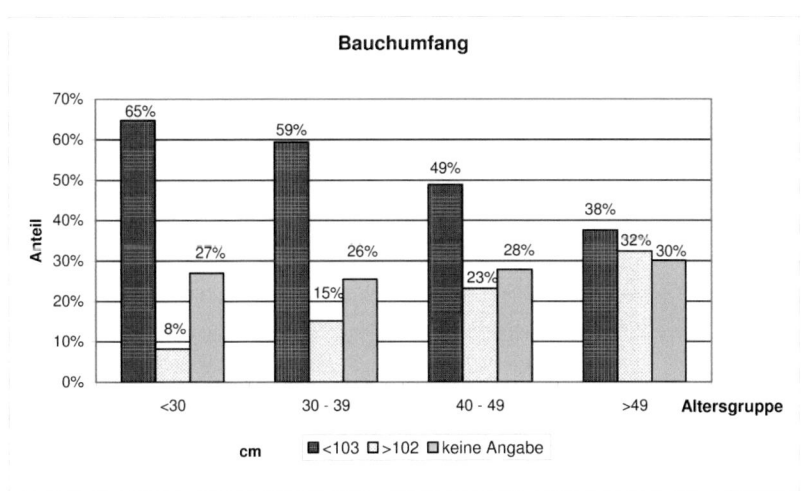

Abb. 33 Relative Häufigkeiten des Bauchumfangs (Altersgruppen)

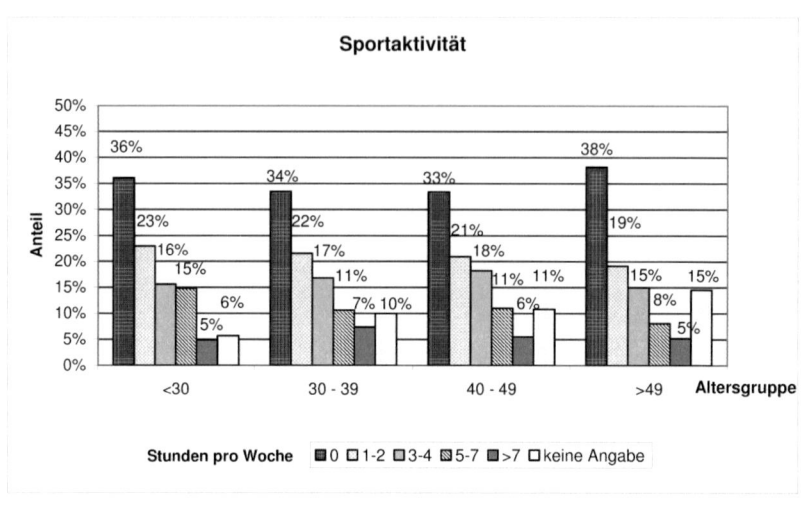

Abb. 34 Relative Häufigkeiten der sportlichen Aktivität (Altersgruppen)

Die Abbildungen zeigen, dass die Häufigkeiten vieler Konstrukte die Hypothese 2 (S. 26) stützen, einige jedoch auch kaum Unterschiede zwischen den Altersgruppen offenbaren. Insgesamt ist die Tendenz jedoch eindeutig: Es bestehen zumeist Unterschiede zwischen älteren und jüngeren Mitarbeitern in den gestellten Diagnosen und Konstrukten.

In den folgenden Tabellen werden die Altersgruppen hinsichtlich der signifikanten Zusammenhänge zwischen der WAI-Summe und den arbeitsmedizinischen Daten vergleichend gegenüber gestellt. Dargestellt sind die zweiseitige Signifikanz und der ermittelte lineare Zusammenhang des Korrelationskoeffizienten nach Pearson.

Altersgruppe	<30 n=122	30 bis 39 n=310	40 bis 49 n=362	>49 n=173
Signifikanz	p < 0,834	p < 0,001	p < 0,067	p < 0,55
linearer Zusammenhang	-0,019	-0,269	-0,097	-0,047

Tab. 8 Zusammenhang zwischen WAI-Summe und Krankheiten des Bewegungsapparates nach Altersgruppen

Interessant sind in diesem Ergebnisteil vor allem die Unterschiede zwischen den einzelnen Altersgruppen. Die Tendenz, dass sich der Zusammenhang auf die mittleren Altersgruppen beschränkt, ist zudem bei den Konstrukten (Chronische) Hautkrankheiten und Erkrankung der (unteren) Atemwege zu sehen. So liefern die Werte der mittleren Altersgruppen Hinweise auf den sogenannten. „Healthy Worker-Effekt", insbesondere, da es in der Altersgruppe >49 keine signifikanten Zusammenhänge gibt.

Der Healthy Worker-Effekt besagt, dass es im Laufe der Zeit zu einem Ausleseprozess kommt und nur die Arbeitnehmer verbleiben, die gut mit den Arbeitsbedingungen zurecht kommen, und dass diejenigen, die großen Beanspruchungen ausgesetzt sind und die Tätigkeit nicht dauerhaft ausführen können, die Schichtarbeit verlassen. Auf das hier vorliegende Ergebnis bezogen bedeutet dies, dass in der Altersgruppe >49 in erster Linie Arbeitnehmer beschäftigt sind, deren Tätigkeit nicht wesentlich durch die jeweils vorliegenden Krankheiten beeinflusst werden, während es in den Altersgruppen davor zum Ausscheiden oder Wechseln von Arbeitnehmern kommen kann, da hier auftretende Beschwerden die Tätigkeit derart beeinflussen können, dass die Arbeitsfähigkeit darunter leidet.

Der Zusammenhang zwischen Arbeitszeitsystem und arbeitsmedizinischen Daten

In den Tabellen 9 bis 11 ist ein schwacher Zusammenhang zwischen der WAI-Summe und den Infarktrisiken sowie der Krankheit des Bewegungsapparates zu erkennen, jedoch durchgehend nur bei dem 4x12-h-Schichtsystem sowie zum Teil bei dem 3x12 h-Schichtsystem und bei der Tagarbeit. Um dies zu interpretieren bedarf es jedoch weitergehender Untersuchungen. Analog zu den vorhergehenden Ergebnissen sind die anderen Konstrukte für die Arbeitsfähigkeit der statistischen Auswertung nach nicht von Belang.

Arbeitszeitsystem	3x12	4x12	Tagarbeit
Signifikanz	$p < 0,058$	$p < 0,001$	$p < 0,106$
linearer Zusammenhang	-0,136	-0,247	-0,094

Tab. 9   Zusammenhang zwischen WAI-Summe und Framingham Infarktrisiko nach Arbeitszeitsystemen

Arbeitszeitsystem	3x12	4x12	Tagarbeit
Signifikanz	p < 0,394	p < 0,001	p < 0,033
linearer Zusammenhang	-0,061	-0,271	-0,124

Tab. 10 Zusammenhang zwischen WAI-Summe und PROCAM Infarktrisiko nach
Arbeitszeitsystemen

Arbeitszeitsystem	3x12	4x12	Tagarbeit
Signifikanz	p < 0,001	p < 0,048	p < 0,002
linearer Zusammenhang	-0,22	-0,106	-0,162

Tab. 11 Zusammenhang zwischen WAI-Summe und Krankheiten des Bewegungsapparates
nach Arbeitszeitsystemen

Die in der zweiten Hypothese erwarteten Unterschiede zwischen älteren und jüngeren Mitarbeitern in Bezug auf ärztliche Diagnosen zeigten sich z.b. bei den Krankheiten des Bewegungsapparates oder den Krankheiten der unteren Atemwege.

Darüber hinaus wurde der Zusammenhang zwischen den arbeitsmedizinischen Konstrukten und dem WAI untersucht. Nur bei dem Infarktrisiko (Framingham Infarktrisiko, PROCAM Infarktrisiko) und den Krankheiten des Bewegungsapparates gab es einen signifikanten Zusammenhang. Bei zwei anderen Konstrukten, d.h. den Krankheiten des Bewegungsapparates und den chronischen Hautkrankheiten, ergab sich nur für die Altersklasse 30-39 Jahre ein entsprechend signifikanter Zusammenhang. Bei der Interpretation müssen Aspekte wie der „Healthy Worker-Effect", Ausweichen auf andere Tätigkeiten und andere Wahrnehmung älterer Mitarbeiter berücksichtigt werden.

Fazit

Die Ergebnisse werden im Folgenden bezogen auf die Hypothesen zusammengefasst:

1. Hypothese:

Schichtdienst und Tagdienst wirken unabhängig vom Alter unterschiedlich auf die subjektive Gesundheit (WAI).

‣ In Bezug auf die WAI-Summe unterscheiden sich die Arbeitszeitsysteme nicht signifikant.

2. Hypothese:

Ältere und jüngere Mitarbeiter zeigen Unterschiede in den Erkrankungen auf.

Zwischen den Älteren (>40 Jahre) und Jüngeren (<=40 Jahre) ergab sich ein signifikanter Unterschied in Bezug auf den Gesamt-WAI im 4x12-h-Schichtsystem und bei Tagarbeit.

‣ Nur für die 30- bis 39-Jährigen wurden durchgehend schwache, aber signifikante Zusammenhänge zwischen den Einzeldimensionen des WAI 1 bis 5 auf der einen Seite sowie Erkrankungen des Bewegungsapparates auf der anderen Seite gefunden. Dies gilt auch für den Zusammenhang zwischen psychiatrischen Krankheiten und den Dimensionen 3 bis 6 sowie zwischen Krankheiten der unteren Atemwege und den Dimensionen 1, 3, 4 und 5.

‣ Bei höheren Altersklassen ergaben sich zwischen den Dimensionen 4 und 5 auf der einen Seite sowie den Erkrankungen des Bewegungsapparates auf der anderen Seite schwache, aber signifikante Zusammenhänge.

‣ In wenigen Fällen wurden auch schwache, aber signifikante Zusammenhänge zwischen einzelnen Dimensionen und psychiatrischen Erkrankungen der 30- bis 49-Jährigen beobachtet.

3. Hypothese:

Es besteht ein statistisch abgesicherter Zusammenhang zwischen den medizinisch erhobenen Daten und dem Work Ability Index.

Wie unter 1) und 2) gezeigt, konnten ein entsprechender Zusammenhang nur teilweise nachgewiesen werden

Welche praktischen Schlussfolgerungen ergeben sich aus den dargestellten Ergebnissen?

a) Die arbeitsmedizinischen Untersuchungen und der Work Ability Index erfassen z.T. unterschiedliche Facetten der Arbeitsfähigkeit, so daß beide zusammen ein Gesamtbild ergeben.

b) Da der betriebsärztliche Dienst regelmäßige Untersuchungen durchgeführt hat und Schichtarbeiter mit starken gesundheitlichen Beschwerden aus Schichtarbeit ausgeschieden sind, ergibt sich in dieser Querschnittsuntersuchung ein „Healthy Worker Effect", d.h. nicht die geringer besetzten hohen Altersklassen sind besonders kritisch, sondern eher die Alterklassen 30-49 Jahre.

c) Es wäre sinnvoll, die prognostische Validität der modifizierten Form des WAI (mit zusätzlicher Kategorie „ja manchmal", siehe Abbildungen 9 und 24) in einer kontrollierten Längsschnittstudie zu untersuchen..

4.3 Unternehmen 3

Ausgangslage / Motivation

Angesichts des demografischen Wandels wird eine mitarbeiterbezogene Gestaltung von Arbeitszeitmodellen unabdingbar, um langfristig die Gesundheit und die Arbeitsfähigkeit der Mitarbeiter zu erhalten und zu fördern. Im Rahmen des Projektes KRONOS wird daher zum einen auf Basis qualitativer und quantitativen Untersuchungen eine mitarbeiterorientierte Bewertung von Kriterien zur Schichtplangestaltung entwickelt, die die individuellen Bedürfnisse der Mitarbeiter in den unterschiedlichen Lebensphasen berücksichtigt (Unternehmen 3, Standort 3A). Zum anderen wird auf Basis einer qualitativen Untersuchung ein alternsgerechter Schichtplan entwickelt (Unternehmen 3, Standort 3B).

Standort 3A:

Das Ziel des Teilprojektes bei dem Unternehmen 3, Standort A (Motorradwerk) war, eine ganzheitliche Methode zur Bewertung von Schichtplänen aufbauend auf arbeitswissenschaftlichen Empfehlungen und der Sichtweise der Mitarbeiter zu entwickeln.. Dies erfolgte auf Basis des bestehenden kontinuierlichen Schichtmodells in dem untersuchten Werk.

Standort 3B:

Ziel des Teilprojektes bei dem Unternehmen 3, Standort B war, Gestaltungs-möglichkeiten eines Schichtplans für ein gesundes Älterwerden im Betrieb zu eva-luieren und einen entsprechenden Schichtplan zu entwickeln.

Hypothesen (spezifisch)

Standort 3A:

Es ist möglich, ein mehrperspektivisches IT-Bewertungstool für Schichtpläne zu entwickeln, das sowohl arbeitswissenschaftliche Kriterien als auch eine Gewichtung dieser Kriterien durch die betroffenen Schichtarbeiter berücksichtigt.

Standort 3B:

Auch in einem teilautomatisierten Produktionsprozess ist es möglich, die Belastungen durch Nachtarbeit über eine Ausdünnung der Nachtschichtbesetzung zu reduzieren.

Eingesetzte Methoden

Standort 3A:

- ‣ Arbeitsgruppentreffen
- ‣ Interviews
- ‣ Informationsveranstaltungen für alle beteiligten Mitarbeiter in allen Schichten
- ‣ Mitarbeiterbefragung
- ‣ Workshops

Standort 3B:

- ‣ Arbeitsgruppentreffen
- ‣ Interviews
- ‣ Workshops

Stichprobenbeschreibung

Standort 3A:

Zur Vorbereitung der Mitarbeiterbefragung wurden teilstrukturierte Interviews mit 14 Schichtarbeitern geführt.

Die Stichprobe bei der daran anschließenden Mitarbeiterbefragung besteht aus 104 männlichen Schichtarbeitern. Die am häufigsten vertretene Altersgruppe ist die der 41- bis 50-Jährigen mit 42,3%. Am zweithäufigsten ist die Gruppe der 31- bis 40-Jährigen mit 26,9 Prozent vertreten, am dritthäufigsten mit 13,5 Prozent die Gruppe der 21- bis 30-Jährigen. Mit 11,5 Prozent bilden die 51- bis 60-Jährigen und mit nur 1,9 % die über 60-Jährigen die am geringsten vertretenen Altersgruppen. Der größte Teil der Befragten (82,7%) lebt in einer Partnerschaft und 52 Personen (51%) haben Kinder.

Standort 3B:

An der qualitativen Analyse am Standort B haben 13 Personen mitgewirkt. Hierunter befanden sich 12 Männer und eine Frau. Die interviewten Personen sind Vertreter des Betriebsrats, der Personalabteilung sowie Führungskräfte und Mitarbeiter/innen. Bezüglich Schichtarbeit bestehen unterschiedlich lange Erfahrungen. Elf der Teilnehmer haben Kinder und alle Altersgruppen von 21 bis 60 Jahre waren vertreten.

Zusammengefasste Ergebnisse

Standort 3A:

Im Folgenden werden nur die ausgewählten Ergebnisse der quantitativen Analyse (n = 104) vorgestellt, da diese die Ergebnisse der qualitativen Analyse bestätigten und ergänzten. Hierbei handelt es sich zum einen um die Betrachtung der arbeitswissenschaftlichen Kriterien, wie z.B. geringe Anzahl hintereinanderliegender Nachtschichten (vgl. Knauth 2005) aus den Perspektiven Familie, Freizeit und Gesundheit, sowie die Bewertung dieser Merkmale in Abhängigkeit von soziodemografischen Daten. Zum anderen werden die extrahierten Faktoren und die individuelle Einschätzung hinsichtlich dieser Faktoren vorgestellt.

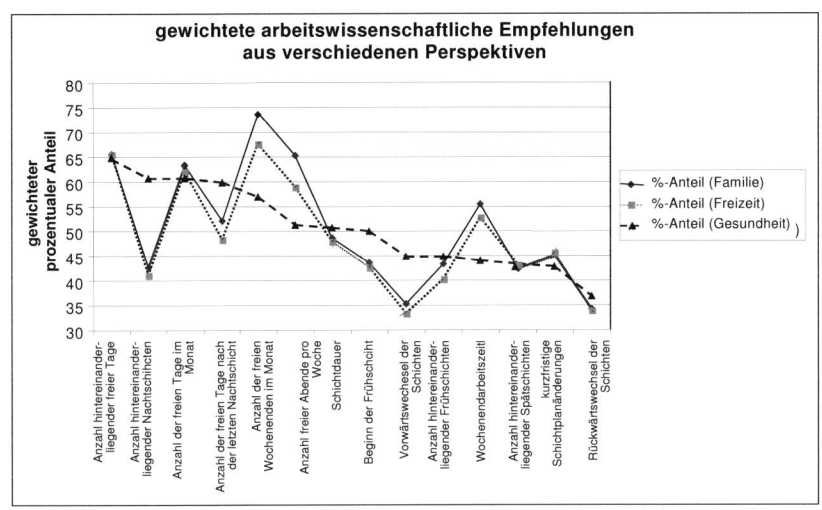

Abb. 35 Gewichtete Bedeutsamkeit der arbeitswissenschaftlichen Empfehlungen aus verschiedenen Perspektiven (Datenbasis n = 104)

Aus Abbildung 35 ist deutlich zu erkennen, dass die arbeitswissenschaftlichen
Empfehlungen aus den Perspektiven Familie und Freizeit sehr ähnlich bewertet
werden. Ein Grund hierfür ist sicherlich, dass sich diese beiden Bereiche nicht eindeutig voneinander abgrenzen lassen und ineinander übergehen. Zudem ist an-
zunehmen, dass die Auswirkungen von den jeweiligen Schichtplanmerkmalen auf
Familie bzw. Freizeit sehr ähnlich sind. Für Freizeit und Familie sind zeitliche
Aspekte, insbesondere solche, die Abendfreizeit oder das Wochenende betreffen,
wichtiger, als etwa Schichtdauer oder die Rotationsart des Schichtplans. Die Auswirkungen auf die Gesundheit sind im Gegensatz dazu unabhängig davon, ob die
Arbeit z.B. am Wochenende geleistet werden muss. Eine höhere Bedeutung für die
Gesundheit wird vielmehr z.B. der Anzahl hintereinander liegender Nachtschichten,
der Möglichkeit zur Erholung während der freien Tagen oder der Rotationsrichtung
zugesprochen.

***Bewertung von Schichtplanmerkmalen in Abhängigkeit von soziodemografischen
Daten***

Mitarbeiter mit Kindern fühlen sich nach dem Schlaf zwischen zwei Nachtschichten
weniger gut erholt, geben eine weniger hohe Arbeitsfähigkeit an, können ihre körper-
lichen Arbeitsanforderungen weniger gut erfüllen und bleiben häufiger aufgrund von
gesundheitlichen Problemen von der Arbeit fern.

Bezüglich des jetzigen Schichtplans sind Personen mit Kindern weniger zufrieden mit der Anzahl hintereinander liegender Nachtschichten. Diesem Punkt weisen sie aber allgemein weniger Bedeutung bei, ebenso wie der Anzahl hintereinander liegender freier Tage. Höher als ihre Kollegen ohne Kinder gewichten sie die Bedeutung der Anzahl der freien Abende pro Woche.

Für eine perspektivenbezogene Bündelung der arbeitswissenschaftlichen Kriterien zur Schichtplangestaltung wurde eine Faktorenanalyse durchgeführt, die zu sieben extrahierten Faktoren führte, die im Folgenden vorgestellt werden.

Faktoren bezüglich mitarbeiterbezogener Kriterien zur Schichtplanbewertung

Aufgrund der itembezogenen Ladungen führte die Interpretation des Datenmaterials zu folgenden Faktorenbezeichnungen:

- ‣ Faktor 2: „Bedeutsamkeit freier Wochenenden und von Schichtplanänderungen"
- ‣ Faktor 3: „Einfluss freier Zeit auf Gesundheit"
- ‣ Faktor 5: „Bedeutsamkeit freier Zeit für Familienleben"
- ‣ Faktor 6: „Auswirkung des Schichtbeginns und der -dauer auf Familie und Freizeit"
- ‣ Faktor 9: „Auswirkung des Vorwärtswechsels auf Familie und Freizeit"
- ‣ Faktor 10: „Auswirkung des Rückwärtswechsel auf Familie und Freizeit"
- ‣ Faktor 12: „Auswirkung der Wochenendarbeit auf Familie und Freizeit".

Gruppenspezifisches Antwortverhalten bezüglich der extrahierten Faktoren

Bezüglich des Faktors 2 („Bedeutsamkeit freier Wochenenden und von Schichtplanänderungen") ist zu beobachten, dass Personen der Altersgruppe 31 bis 40 Jahre freien Wochenenden und Schichtplanänderungen signifikant mehr Gewicht beimessen, als 41- bis 50-Jährige. Personen ohne Kindern gewichten diesen Faktor signifikant schwächer als Personen mit Kindern. Bei Personen mit Kindern steigt die Bedeutung dieses Faktors mit der Anzahl der Kinder.

Ein signifikanter Unterschied besteht im Antwortverhalten bezüglich des Faktors 3 („Einfluss freier Zeit auf Gesundheit") in Abhängigkeit von der Dauer der Berufstätigkeit. So messen Personen, die über eine längere Berufstätigkeit verfügen, dem Anteil der freien Zeit einen höheren Einfluss auf die Gesundheit bei als Personen mit einer kurzen Dauer der Berufstätigkeit.

Das Merkmal Kinder kommt erneut bei der Betrachtung des Antwortverhaltens bezüglich des Faktors 12 („Auswirkung Wochenendarbeit auf Familie und Freizeit") zum Tragen. Hier wurde deutlich, dass die Bedeutung der Wochenendarbeitszeit mit Anzahl der zu betreuenden Kinder zunimmt.

Die Ergebnisse der qualitativen und quantitativen Analyse flossen direkt in die Entwicklung des Schichtplanbewertungstool ein, das im Folgenden beschrieben wird.

Schichtplanbewertungstool

Für die Entwicklung eines ganzheitlichen Tools, das sich sowohl auf die qualitativen und quantitativen Ergebnisse stützt als auch auf die Analyse bestehender Modelle und Tools zur Schichtplanbewertung, wurden Modelle von Schwarzenau et al. (1984), Rota-Risk-Profile-Analyse (Jansen, 1990, Jansen und Kroon, 1995), BESIAK (Schönfelder, 1992), Modelle nach Gissel (1998), Gärtner et al. (2005), Nachreiner et al. (2005) und Schweflinghaus (Fergen et al., 2006) analysiert. Hierbei wurden Bewertungskriterien entwickelt, die bei den bisher veröffentlichten Tools zur Schichtplanbewertung zum Einsatz kamen.

Für die Bewertung der bestehenden Tools (BASS 4.0, Optischicht und zwei Tools von Hoff) wurden des Weiteren Bewertungskriterien aus dem Gebiet der Softwareergonomie integriert. Softwareergonomie hat zum Ziel, die Eigenschaften von Software so gut wie möglich an die Eigenschaften der damit arbeitenden Menschen anzupassen. Der Standard DIN EN ISO 9241 umfasst Richtlinien zur Interaktion zwischen Mensch und Computer. Hierbei sollen bei der Bewertung entsprechend DIN EN ISO 9241-10 die Grundsätze der Dialoggestaltung und entsprechend DIN EN ISO 9241-11 die Anforderungen an die Gebrauchstauglichkeit untersucht werden.

Da für das Tool das Anwendungsprogramm Microsoft Excel gewählt wurde, fand die Entwicklung mit Hilfe der von den Microsoft Office Produkten zur Verfügung gestellten Skriptsprache Visual Basic for Applications (kurz:VBA) statt. Die von Excel vorgegebene Struktur wurde beibehalten und die einzelnen Funktionen auf verschiedenen Tabellenblättern dargestellt. Insgesamt ergaben sich fünf Tabellenblätter, die im Folgenden erläutert werden sollen (ausführliche Informationen siehe Knauth et al. im Druck).

Tabellenblatt „Eingabe"

Dieses Tabellenblatt dient der Eingabe des Schichtplans und der Schichtzeiten. Die Schichtzeiten, jeweils für jede Schichtart Beginn und Ende, können frei ausgefüllt werden. Um dem Benutzer die Eingabe des Schichtplans zur erleichtern, wird durch die Eingabe der gewünschten Anzahl Schichtgruppen und des Schichtrhythmus automatisch ein passender leerer Plan erstellt. Dieser leere Plan kann nun mit Hilfe der in jedem Feld, das einem Tag des Schichtplans entspricht, befindlichen Liste ausgefüllt werden. Die Listen enthalten jeweils die Werte „F" für Frühschicht, „S" für Spät-schicht, „N" für Nachtschicht und „frei" für arbeitsfreie Tage. Somit wird die Eingabe vereinfacht, da der Benutzer durch Auswählen der gewünschten Schichtart nicht selbst alle Eingaben durchführen muss.

Tabellenblatt „Prioritäten"

Auf diesem Tabellenblatt sind die arbeitswissenschaftlichen Kriterien abgebildet, anhand derer das Tool den eingegebenen Schichtplan bewertet. Der Nutzer kann diese Kriterien hier auch nach eigenen Wünschen gewichten oder vorgegebene Gewich-tungen, die durch die empirische Untersuchung gewonnen werden konnten, verwenden. Dazu gehören die Mitarbeiterpräferenzen, Prioritäten bezüglich des Merkmals Familie/Freizeit und Prioritäten bezüglich des Merkmals Gesundheit. Selbst kreierte Gewichtungen können in zwei bereitgestellten leeren Feldern gespeichert und jederzeit wieder abgerufen werden. Zusätzlich kann das Ergebnis von jeweils zwei der Gewichtungen direkt miteinander verglichen werden und festgelegt werden, in welchem prozentualen Verhältnis diese in die Gesamtbewertung einfließen.

Tabellenblatt „Bewertung"

Unter „Bewertung" ist abschließend die Bewertung des Schichtplans abrufbar. Zu den erneut aufgeführten arbeitswissenschaftlichen Kriterien wird eine Empfehlung an-gegeben, in deren Rahmen sich der Schichtplan bewegen sollte. Hinter jedem Kriterium befindet sich ein Feld das den aktuellen Wert bzw. die aktuelle Anzahl des Kriteriums im eingegebenen Schichtplan anzeigt, sowie ein Ergebnisfeld, welches je nach Ergebnis grün, gelb oder rot gefärbt wird. Wird „grün" angezeigt, so ist das Ergebnis gut, bei „gelb" ist bereits Handlungsbedarf gegeben und bei „rot" besteht dringender Handlungsbedarf, was bedeutet, dass der Schichtplan entsprechend der vorgegebenen Empfehlung verändert werden sollte. Am Ende werden außerdem verschiedene Bewertungszeilen angezeigt. In die beiden oberen Bewertungen gehen jeweils die Ergebnisse im Verhältnis zu den gewählten Gewichtungen ein, in das untenstehende Gesamtergebnis fließen die gewichteten Ergebnisse im gewünschten prozentualen Verhältnis ein. Die Darstellung der Ergebnisse erfolgt ebenfalls durch ein Ampelsystem.

Tabellenblatt „Anleitung"

Dieses Tabellenblatt dient als Hilfestellung. Es erläutert die einzelnen Funktionalitäten des Programms und erklärt schrittweise die Bedienung.

Tabellenblatt „Konfiguration"

Auf diesem Tabellenblatt können die bestehenden Bewertungsfunktionen geändert werden, falls dies, z.b. durch eine Änderung der arbeitswissenschaftlichen Erkenntnisse gewünscht wird. Es können dabei jeweils die Werte Alpha und Beta festgelegt werden, zwischen denen sich die Bewertung für das Ampelsystem bewegt, d.h. "Grün" <= Alpha < "Gelb" < Beta <= "Rot". Zum Beispiel wurden für die maximale Anzahl hintereinander liegender gleicher Schichten die Werte Alpha = 3 und Beta = 5 festgelegt. Sollten also im eingegebenen Schichtplan drei oder weniger gleiche Schichten aufeinander folgen, so zeigt die Bewertung „Grün", bei vier hintereinander liegenden gleicher Schichten „Gelb" und bei fünf oder mehr „Rot". Zusätzlich kann für die Gesamtbewertung bestimmt werden, wie die einzelnen Bewertungen in den Gesamtwert einfließen, zum Beispiel ob rote Felder einen höheren Einfluss haben.

Nach der empirischen Analyse und der Bewertung des untersuchten Schichtplans des Unternehmens 3 durch das Schichtplantool kann zusammenfassend gesagt werden, dass die Aspekte wie Arbeitsbelastung und Schlafdefizit die Arbeitsfähigkeit der Mitarbeiter direkt beeinflussen. Aber auch die starke körperliche Belastung in Früh- und Nachschicht ist erheblich bei den Mitarbeitern. Neben den Schlafdefiziten während der Schichtarbeit, führt auch die schlechte Schlafqualität zur Belastung bei den einzelnen Beschäftigten. Des Weiteren hat die Perspektive Familie/Freizeit einen entscheidenden Einfluss auf die subjektive Bewertung des Schichtplans und der damit verbundenen Zufriedenheit. Es konnten hingegen keine signifikanten Unterschiede bezüglich der Alterklassen beobachtet werden.

Das neue Schichtplanbewertungstool[5] hat sich bereits in der Praxis bewährt und wird an allen Produktionsstandorten des Unternehmens 3 unter dem Namen „ABA-Schicht" eingesetzt.

Standort 3B:

Im Rahmen der Interviews wurden die Themen Schichtplangestaltung (z.B. Anzahl hintereinanderliegender Nachtschichten, Beginn der Frühschicht etc.), Gesundheit (z.B. Regelmäßigkeit der Nachtruhe sowie Schlafprobleme, Herz-Kreislauf-Beschwerden, Stress etc.) und Familie, Freizeit und Beruf (z.B. Zeit für Familie, außerberufliche Weiterbildung etc.) intensiv besprochen. Hierbei ergab sich folgendes Bild:

---

[5] Weitere Auskünfte zum Schichtplanbewertungstool gibt Dr. Patric Claude Gauderer (mail@gauderer.de)

Als wichtig bezüglich der allgemeinen Schichtplangestaltung, wurden insbesondere das Wochenende mit zwei freien Tagen (n = 10), die Schichtdauer, die günstige Verteilung von Arbeitstagen und arbeitsfreien Tagen und die Regelmäßigkeit des Schichtsystems (n jeweils = 9) genannt. Aspekte, wie kurzfristige Schichtplanänderungen und ein früher Frühschichtbeginn wurden von lediglich drei Personen erwähnt.

Des Weiteren wurden zahlreiche gesundheitliche Beeinträchtigungen im Zusammenhang mit Schichtarbeit genannt. Die Hauptproblematik stellen Schlafprobleme dar (n = 12), gefolgt von Stress und Magen-Darm-Problemen (n = 8). Die fehlende Möglichkeit zur Nachtruhe wurde von sieben Personen angesprochen. Herz-Kreislauf-Beschwerden sowie Unfallverletzungen wurden hingegen nur von vier Interviewpartnern thematisiert. Lediglich drei Nennungen erhielt der Aspekt Muskel-Skelett-Probleme.

Zuletzt wurde die Perspektive Familie und Freizeit abgefragt, die bei den interviewten Personen als ausgesprochen wichtig beurteilt wurde. So erhielt der Aspekt Zeit für Familie und Zeit für Kinder zwölf Nennungen, gefolgt von Zeit für Freunde (n = 11), Zeit für Hobbys, die man nicht alleine realisieren kann (n = 9), Sicherheit des Arbeitsplatzes (n = 9), außerberufliche Weiterbildung (n = 8), Planbarkeit der Freizeit, Zufriedenheit mit der Arbeitszeit, Zeit für Hobbys, die man alleine realisieren kann, und Zeit für Pflege von Angehörigen (n je = 7).

Bei allen angesprochenen Themen wurde von den Interviewpartnern hervorgehoben, dass es in einigen Bereichen Altersunterschiede gäbe (z.B. Beanspruchungen durch die Nachtschicht), diese jedoch meist sehr gering sind und es vorgezogen wird, einen Schichtplan derart zu gestalten, dass sowohl die Älteren als auch die Jüngeren davon profitieren können. Des Weiteren wurde ausdrücklich darauf hingewiesen, die Mitarbeiter bei der Schichtplangestaltung zu beteiligen.

Workshopergebnis:

Im Rahmen des Workshops wurde aufgrund von Simulationsrechnungen eine mögliche Nachtschichtausdünnung von 33,3% beschlossen, was einer durchschnittlichen Wochenarbeitszeit von 35,69 Stunden entspricht.

Auf Basis der vorgestellten arbeitswissenschaftlichen Empfehlungen erarbeiteten die Mitarbeiter mit Unterstützung durch Moderatoren der Universität Karlsruhe drei Schichtplanalternativen, die in den folgenden Abbildungen dargestellt sind.

Woche	Mo	Di	Mi	Do	Fr	Sa	So
1	F	F	F	S	S		
2	S	S	S				
3			N	N	N		
4	N	N		F	F	F	

F = Frühschicht,   S = Spätschicht
N = Nachtschicht,   ⬜ = frei

Der gleiche Schichtplan gilt für die <u>Wochen 5 bis 8</u>, danach folgt
Woche 9: Mo – Sa Frühschicht
Woche 10: Mo – Fr Spätschicht

➡   Nachtschichtausdünnung um 1/3

Abb. 36 Grundmodell A

Woche	Mo	Di	Mi	Do	Fr	Sa	So
1	F	F	S	S	S		
2			F	F			
3	N	N			F	F	
4	S	S	N	N	N		

F = Frühschicht,   S = Spätschicht
N = Nachtschicht,   ⬜ = frei

Der gleiche Schichtplan gilt für die <u>Wochen 5 bis 8</u>, danach folgt in
Woche 9: Mo – Sa Frühschicht
Woche 10: Mo – Fr Spätschicht

➡   Nachtschichtausdünnung um 1/3

Abb. 37 Grundmodell B

Woche	Mo	Di	Mi	Do	Fr	Sa	So
1	F	F	S	S			
2			F	F	S		
3	N	N			F	F	
4	S	S	N	N	N		

F = Frühschicht, S = Spätschicht
N = Nachtschicht, ▒ = frei

Der gleiche Schichtplan gilt für die Wochen 5 bis 8, danach folgt in
Woche 9: Mo – Sa Frühschicht
Woche 10: Mo – Fr Spätschicht

➡ Nachtschichtausdünnung um 1/3

Abb. 38 Grundmodell C

Zusammenfassend lassen sich die entwickelten Modelle folgendermaßen charakterisieren:

- Arbeit verteilt sich auf 16 Schichten/Woche
- 10 Gruppen
- arbeitswissenschaftliche Empfehlungen werden weitgehend umgesetzt
- Durchmischung der Gruppen

Im Anschluss an die Entwicklung der Schichtplanalternativen wurden diese anhand der arbeitswissenschaftlichen Empfehlungen bewertet. Diese Bewertung ist aus Tabelle 12 zu entnehmen.

Kriterium	Schichtpläne		
	A	**B**	**C**
maximal 3 hintereinanderliegende **Nachtschichten**	ja	ja	ja
maximal 3 hintereinanderliegende **Frühschichten**	nein	nein	nein
maximal 3 hintereinanderliegende **Spätschichten**	nein	nein	nein
ein längeres freies Wochenende (mindesten Sa + So frei)	Do – Di (6 Tage)	⬭ Sa – Di (4 Tage)	⬭ Fr – Di (5 Tage)
in jeder Woche freie Abende von Mo – Fr	9 von 10 Wo	⬭ 7 von 10 Wo	⬭ 7 von 10 Wo
Vorwärtswechsel, erst F, dann S, dann N	ja	z.T.	z.T.
ungünstige Schichtfolgen z.B. N-F, N-N, -F-	N-F ⬬ N--N	nein	nein

im Vergleich zu Alternative A ⬭

Tab. 12 Bewertung der entwickelten Schichtplanalternativen zur ausgedünnten Nachtschicht anhand arbeitswissenschaftlicher Kriterien

Fazit

Standort 3A:

Die vorgestellten Ergebnisse verdeutlichen, dass das Alter allgemein kein hinreichendes Unterscheidungsmerkmal bei der Gestaltung und Bewertung von Schichtplänen darstellt. Vielmehr müssen weitere personenspezifische Daten herangezogen werden, um einen mitarbeiterorientierten Schichtplan zu entwickeln, der ein gesundes Älterwerden im Betrieb ermöglicht. Aus diesem Grund wird empfohlen, das entwickelte Schichtplanbewertungstool in Kombination mit einer mitarbeiterbezogenen Erhebung zur Bewertung der einzelnen Schichtplankriterien einzusetzen.

Standort 3B:

Die zusammengefassten Ergebnisse der Interviews von 13 Personen sind als erste Trends zu verstehen:

- ▸ Erfahrungen der Älteren mit einbeziehen
- ▸ Ältere bevorzugen eher Freizeit statt Geld
- ▸ Nachtschicht fällt älteren Mitarbeitern teilweise schwerer
- ▸ viele interne Projekte zum Thema Gesundheit sind sowohl für jüngere als auch für ältere Mitarbeiter von Bedeutung
- ▸ Möglichkeiten der Freizeitgestaltung werden in Abhängigkeit von der Altersklasse bezüglich zeitlicher und inhaltlicher Gestaltung unterschiedlich bewertet.

Auch bei teilautomatisierten Prozessen ist es möglich, durch Verschiebung von Tätigkeiten aus der Nachtschicht in die Früh- oder Spätschicht, Nachtschichtbesetzungen auszudünnen. Im vorliegenden Fall wurden diskontinuierliche Schichtpläne entwickelt, die erstens (weitgehend) den arbeitswissenschaftlichen Empfehlungen entsprechen und zweitens eine Ausdünnung der Nachtschichtbesetzung um ein Drittel ermöglichen.

4.4 Unternehmen 4

a) Kurzpausen

Ausgangslage und Motivation

Prinzipiell kann davon ausgegangen werden, dass mit zunehmendem Lebensalter und zunehmender Schwere der Arbeit, vor allem in Bezug auf körperliche aber auch auf geistig-emotionale Belastungen, der Erholungsbedarf steigt. Deshalb wäre es sinnvoll, älteren Mitarbeitern bei starken Arbeitsbelastungen zusätzliche Kurzpausen zu gewähren. Allerdings scheint in den meisten deutschen Unternehmen die Bereitschaft zu solchen Maßnahmen noch nicht gegeben zu sein.

Ziele des vorliegenden Projektes waren daher, erstens eine Optimierung des existierenden Pausenregimes und zweitens eine Untersuchung der Pausenwirkungen auf jüngere und ältere Mitarbeiter.

Da wichtige Prozesse in der Stahlindustrie ohne Unterbrechung durchlaufen müssen, können die Mitarbeiter nur eine Pause machen, wenn ein Springer sie ablöst.

Wenn nur ein Springer zur Verfügung steht, müssen die Mitarbeiter ihre Pausen zum Teil zu Zeiten nehmen, die für die Erholung nicht optimal sind. In einer Pilotphase wurde daher die dreißigminütige Pause in zwei fünfzehnminütige Kurzpausen geteilt, um wenigstens eine der Kurzpausen zu einem günstigen Zeitpunkt zu realisieren. Außerdem ist der Erholungswert zu Beginn der Pause am größten, so dass dieser Effekt zweimal genutzt werden kann.

Hypothese (spezifisch)

Es wurde angenommen, dass sich die Neugestaltung des Pausenregimes positiv auf die Müdigkeit, Vigilanzleistung und Zufriedenheit der Mitarbeiter auswirkt.

Eingesetzte Methoden

In den Abbildungen 39 und 40 sind das alte und das neue Pausenregime dargestellt.

Frühschicht	7:20	7:55	8:30	9:05	9:40	10:15	10:50
Spätschicht	15:20	15:55	16:30	17:05	17:40	18:15	18:50
Nachtschicht	23:20	23:55	0:30	1:05	1:40	2:15	2:50
Person 1	▓						
Person 2		▓					
Person 3			▓				
Person 4				▓			
Person 5					▓		
Person 6						▓	
Person 7							▓

Abb. 1   Organisation der Pausen vor der Intervention

Frühschicht	7:20	7:40	8:00	8:20	8:40	9:00	9:20	9:40	10:00	10:20	10:40	11:00	11:20	11:40
Spätschicht	15:20	15:40	16:00	16:20	16:40	17:00	17:20	17:40	18:00	18:20	18:40	19:00	19:20	19:40
Nachtschicht	23:30	23:40	0:00	0:20	0:40	1:00	1:20	1:40	2:00	2:20	2:40	3:00	3:20	3:40
Person 1	▓							▓						
Person 2		▓							▓					
Person 3			▓							▓				
Person 4				▓							▓			
Person 5					▓							▓		
Person 6						▓							▓	
Person 7							▓							▓

Abb. 2   Organisation der Pausen nach der Intervention

Die eingesetzten Methoden sowie die Anzahl der Messungen vor und nach der Intervention in den Pilot- und Kontrollgruppen sind aus Tabelle 13 zu ersehen. Mit Hilfe der Schlafprotokolle wurde kontrolliert, ob die Müdigkeit während der Arbeit eventuell von dem Schlaf vor der Schicht beeinflusst wurde.

Die Müdigkeit wurde über eine subjektive Skalierung auf einer visuellen Analog-skala (Kiesswetter, 1988) und die Reaktionszeit über den Reed Palm-held Psycho-motor Vigilance Test (Thorne et al., 2005) erfasst. Die physischen Beschwerden wurden über das Verfahren von Corlett und Bishop (1976) erhoben.

Messungen	Erste Messungen vor der Intervention (30 min Pause)		Zweite Messungen ungefähr 4 Monate nach der Intervention (15 min Pause)	(30 min Pause)	Gesamt
	Pilotgruppe	Kontrollgruppe	Pilotgruppe	Kontrollgruppe	
Reaktionszeit	469	1392	348	1101	3310
subjektive Müdigkeit	1042	3204	901	2827	7974
körperliche Beschwerden	1042	3204	901	2827	7974
Fragebogen: Pauseneffekte	0	0	50	42	92
Schlafprotokolle	309	356	196	195	1056

Tab. 13   Methoden und Anzahl der Messungen im Teilprojekt mit Veränderung des Pausenregimes (Pilotgruppe n=51 und Kontrollgruppe n=49 Personen)

Im Laufe des Projektes wurde bei einer kleineren Gruppe von 92 Schichtarbeitern ein zusätzlicher Fragebogen generell zum Erholungswert der Pause in Abhängigkeit vom Alter eingesetzt.

Stichprobenbeschreibung

Die Pilotgruppe bestand aus 51 und die Kontrollgruppe aus 49 Schichtarbeitern. In der Altersklasse 31 bis 40 Jahre waren von der Pilotgruppe 26,0 % (Kontrollgruppe 34,0 %) und in der Altersklasse 41 bis 50 Jahre 28,0 % (31,9 %). Die Pilotgruppe arbeitete an einer Walzstraße und die Kontrollgruppe an einer Veredelungsanlage, beide an einem Standort. Der schnelle und vorwärts rotierende kontinuierliche Schichtplan ist für beide Gruppen identisch (siehe Abb. 49, Unternehmen 4).

Zusammengefasste Ergebnisse

In der Abbildung 41 werden die Ergebnisse der Müdigkeitsmessungen und in der Abbildung 42 die der Reaktionszeitmessungen jeweils vor und nach der Intervention in der Pilotgruppe dargestellt. Die Unterschiede zwischen Messungen davor und den Messungen danach sind in keinem Fall signifikant.

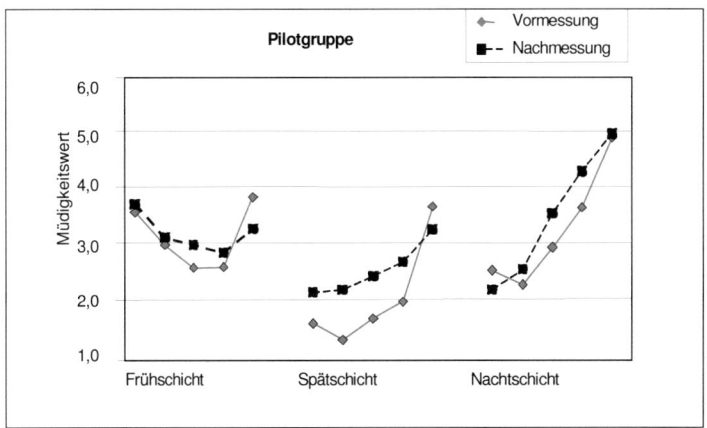

Abb. 41 Durchschnittliche Müdigkeit (Müdigkeitswert von 0: hellwach bis 9: sehr müde; Pilotgruppe)

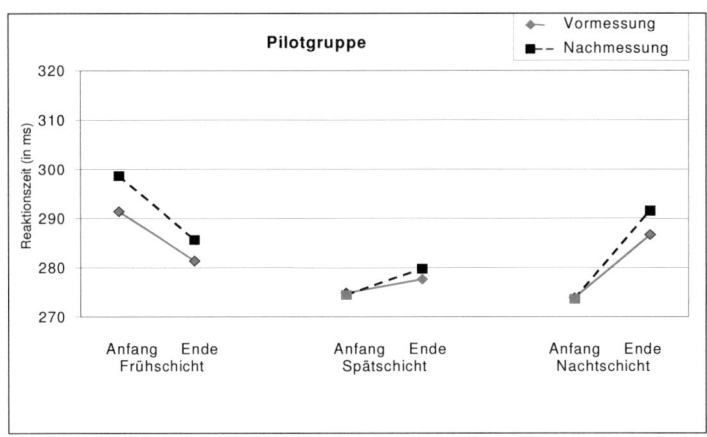

Abb. 42 Durchschnittliche Reaktionszeiten (Pilotgruppe)

Während der Intervention stellte sich heraus, dass die 15-minütigen Pausen zu kurz waren, um zu den entfernt liegenden Pausenräumen bzw. zu einer Ecke der Fabrikhalle, in der Verkaufsautomaten und Stehtische stehen, zu gehen. Wie aus Abbildung 43 zu ersehen ist, wurde der Erholungswert einer am Arbeitsplatz verbrachten Pause niedriger eingeschätzt. Dadurch wurden vermutlich die positiven Wirkungen von Kurzpausen reduziert.

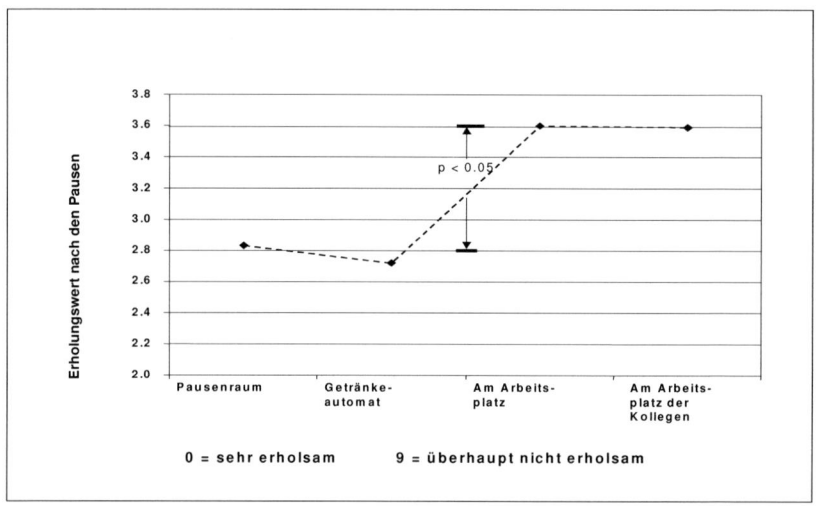

Abb. 43 Erholungswert der Pause in Abhängigkeit vom Ort der Pause (n = 92)

Die Annahme, dass ältere Mitarbeiter einen größeren Erholungsbedarf haben als jüngere wurde durch den in Abbildung 44 dargestellten Befund unterstützt. Die Schichtarbeiter in den Altersklassen 41 bis 50 und 51 bis 60 schätzten den Erholungswert der Pausen signifikant schlechter ein als die in den beiden jüngeren Alterklassen.

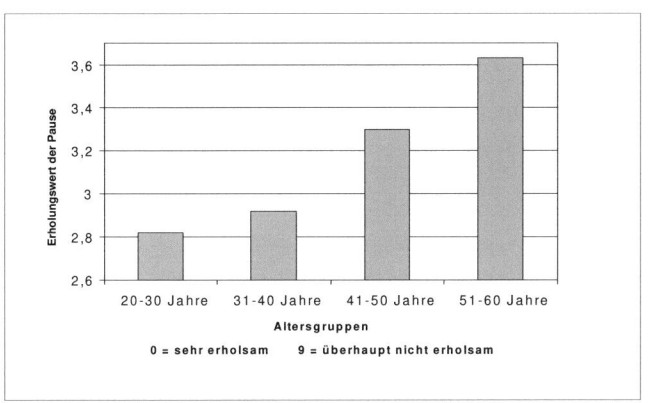

Abb. 44 Erholungswert der Pause in Abhängigkeit vom Alter (nach der Intervention)

Fazit

Die Aufteilung der 30-minütigen Pause in zwei 15-minütige Kurzpausen erbrachte keine signifikanten Verbesserungen in Bezug auf die Müdigkeit, Reaktionszeit und Zufriedenheit der Schichtarbeiter. Ein möglicher Grund ist in dem weiten Weg zu den Pausenräumen zu sehen, der innerhalb der Kurzpausen nicht zurückgelegt werden konnte und in dem Befund, dass der Erholungswert der Pause am Arbeitsplatz signifikant niedriger eingeschätzt wurde als im Pausenraum. Die schlechtere Einschätzung des Erholungswertes der Pause durch die älteren Schichtarbeiter im Vergleich zu den jüngeren unterstützt die Annahme eines höheren Erholungsbedarfs älterer Arbeitnehmer.

b) Verschobene Schichtwechselzeiten

Ausgangslage und Motivation

Mehrere Untersuchungen haben nachgewiesen, dass der Schlaf vor der Frühschicht umso kürzer ist, je früher die Frühschicht beginnt. Bei langen Anfahrwegen zur Arbeit wird dieser Trend noch verstärkt.

Jeder Mensch hat ein individuelles „Schlaftor", d.h. eine abendliche Uhrzeit, ab der das Einschlafen leichter fällt. Bedingt dadurch ist der Beginn des Schlafes vor der Frühschicht relativ fix. Daher ist bei einem frühen Frühschichtanfang immer mit einer

Schlafverkürzung zu rechnen. Bei einem Frühschichtbeginn um 05:20 Uhr ist im Durchschnitt nur eine Schlafdauer unter sechs Stunden zu erwarten.

Ziel des vorliegenden Projektes war es, die Schlafdauer vor der Frühschicht durch eine Verschiebung des Schichtbeginns von 05:20 Uhr auf 06:00 Uhr zu verlängern.

Hypothese

Es wurde angenommen, dass sich diese Verschiebung des Frühschichtbeginns positiv auf die Dauer und Qualität des Schlafes vor der Frühschicht sowie die Müdigkeit und Reaktionszeit zu Beginn der Frühschicht auswirkt.

Eingesetzte Methoden

Die eingesetzten Methoden und die Anzahl der Messungen in der Pilotgruppe sind in Tabelle 14 zusammengestellt (Daten der Kontrollgruppe siehe Tab. 13).

Messungen	Erste Messung vor Intervention (Schichtwechselzeiten 05.20 / 13.20 / 21.20 Uhr)	Zweite Messung ungefähr 4 Monate nach der Intervention (Schichtwechselzeiten 06.00 / 14.00 / 22.00 Uhr)	Gesamt
Reaktionszeit	858	720	1578
Subjektive Müdigkeit	1958	1643	3601
Körperliche Beschwerden	1958	1643	3601
Schlafprotokoll	515	319	834

Tab. 14   Methoden und Anzahl der Messungen im Teilprojekt mit Verschiebung der Schichtwechselzeiten (Pilotgruppe n = 71)

Stichprobenbeschreibung

Die Pilotgruppe umfasste 74 und die Kontrollgruppe 49 Personen. In der Altersklasse 31 bis 40 Jahre waren von der Pilotgruppe 20,3 % (Kontrollgruppe 34,0 %) und in der Altersklasse 41 bis 50 Jahre 43,2 % (31,9 %).

Die Pilotgruppe arbeitete an einer Durchlaufglühe (D-Ofen) und die Kontrollgruppe an einer Veredelungsanlage, beide am gleichen Standort. Der schnell und vorwärts rotierende Schichtplan ist für beide Gruppen identisch (s. Abb. 49, Unternehmen 4).

Zusammengefasste Ergebnisse

In den Abbildungen 45 und 46 sind die Ergebnisse aus den Schlafprotokollen dargestellt. Im Widerspruch zu den Erwartungen ergab sich in der Pilotgruppe keine signifikante Verlängerung des Schlafes vor der Frühschicht.

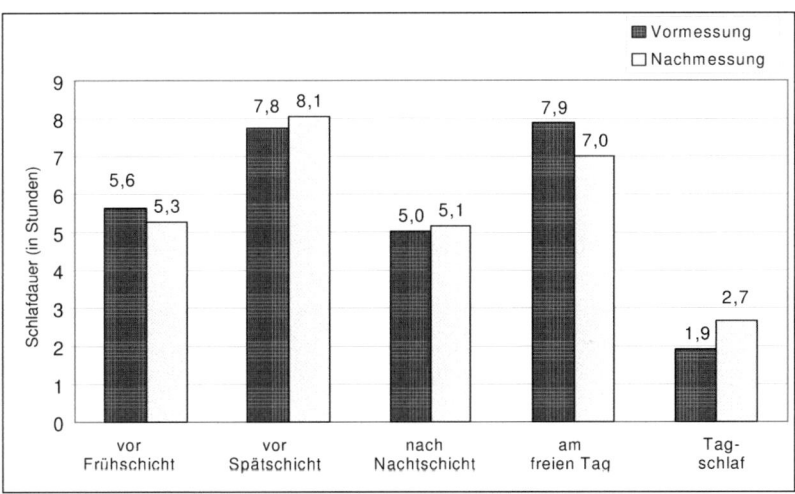

Abb. 45 Schlafdauer in der Pilotgruppe vor und nach der Verschiebung der Schichtwechselzeiten (Vormessung: n = 515, Nachmessung: n = 319)

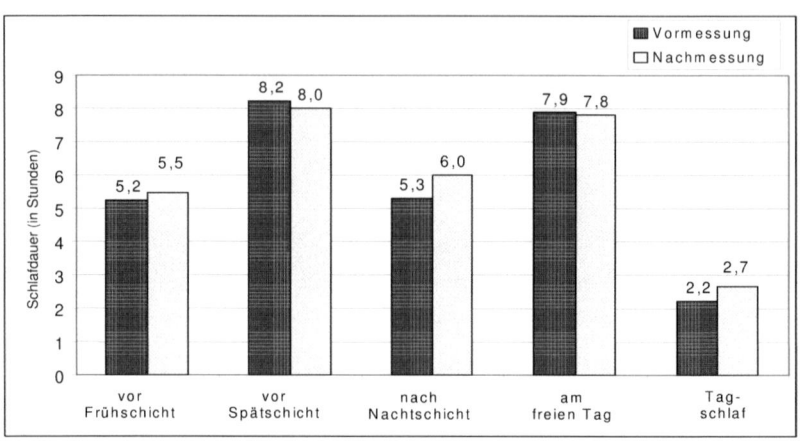

Abb. 46 Schlafdauer in der Kontrollgruppe vor und nach der Verschiebung der
Schichtwechselzeiten (Vormessung: n = 356, Nachmessung: n = 195)

Auch bei den Müdigkeitsmessungen (Abb. 47) wurden keine signifikanten Unterschiede zwischen den Messungen vor und nach der Intervention gefunden.

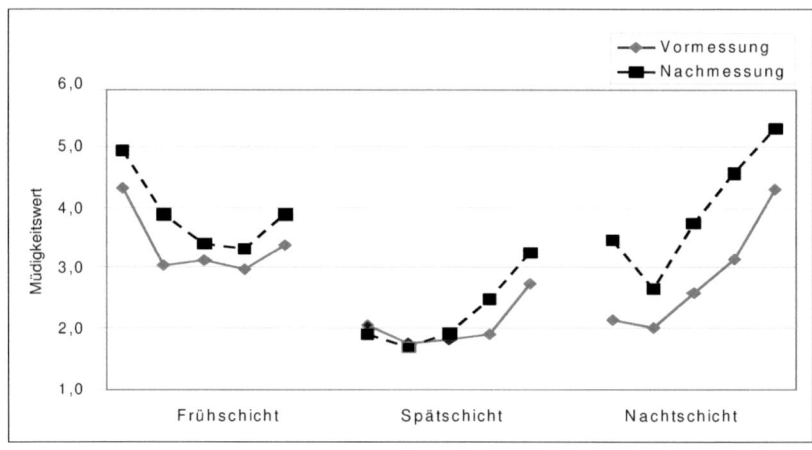

Abb. 47 Müdigkeit in der Pilotgruppe vor und nach der Verschiebung der
Schichtwechselzeiten (Müdigkeitswert von 0 = hellwach bis 9 = sehr müde;
Vormessung: n = 1958, Nachmessung: n = 1643)

Die Ergebnisse der Reaktionszeitmessungen sind in der Abbildung 48 dargestellt. Anders als erwartet wurden in der Messung nach der Intervention bei der Pilotgruppe signifikant langsamere Reaktionszeiten zum Anfang und Ende der Frühschicht sowie zum Ende der Nachtschicht gefunden.

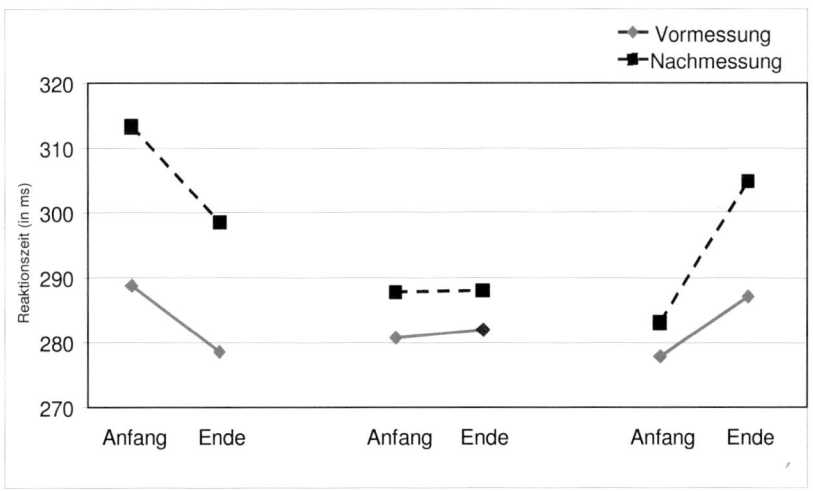

Abb. 48 Reaktionszeiten in der Pilotgruppe vor und nach der Verschiebung der Schichtwechselzeiten (Vormessung: n = 858, Nachmessung: n = 720)

Möglicherweise wurden die Ergebnisse durch die folgenden ungünstigen Rahmen-bedingungen beeinflusst. Die neuen Schichtwechselzeiten für den Pilotversuch wurden in einem Workshop mit freiwilligen Schichtarbeitern diskutiert und festgelegt. Eine Reihe von Kollegen der Pilotgruppe, die nicht an dem Workshop teilgenommen hatten, waren eher gegen den Versuch eingestellt und statt eines Probejahres wurde nur einer Probezeit von vier Monaten zugestimmt. Dadurch kollidierte die Nach-messung mit dem Zeitraum der Fußballweltmeisterschaft in Deutschland, wodurch eventuell der Schlaf vor der Frühschicht beeinträchtigt wurde.

Fazit

Die Tatsache, dass die Verschiebung des Frühschichtbeginns von 05:20 Uhr auf 06:00 Uhr – im Gegensatz zu anderen Studien – keine Verbesserung der Schlafdauer vor der Schicht und der Müdigkeit und Reaktionszeit zu Beginn der Schicht erbrachte, ist vermutlich auf ungünstige Rahmenbedingungen zurückzuführen.

Exkurs: Vergleich zweier Schichtsysteme und ihrer Auswirkungen auf den Work Ability Index

Im unteren Teil der Abbildung 49 sind zwei Schichtsysteme dargestellt. Das schnell und vorwärts rotierende obere Schichtsystem wurde vor zwölf Jahren vom Institut für Industriebetriebslehre und Industrielle Produktion der Universität Karlsruhe (TH) beim Unternehmen 4 eingeführt und war Grundlage bei den Teilprojekten mit Pausen und Verschiebung der Schichtwechselzeiten. Dieses Schichtsystem entspricht neueren arbeitswissenschaftlichen Erkenntnissen, wie in §6, Abs. 1 des Arbeitszeitgesetzes gefordert. Letzteres gilt nicht für das ganz unten in der Abbildung 49 dargestellte traditionelle langsam und rückwärts rotierende Schichtsystem im Motorradwerk des Unternehmen 3 (dieser Schichtplan wurde inzwischen geändert).

Die durchschnittlichen Work Ability Indizes in dem günstigen Schichtsystem der Stahlindustrie waren in allen Altersklassen signifikant besser als im ungünstigen traditionellen Schichtsystem in der Automobilindustrie.

Die Tatsache, dass der Work Ability Index in den höheren Altersklassen nicht schlechter wurde, ist auf Selektionseffekte (healthy worker effect) zurückzuführen.

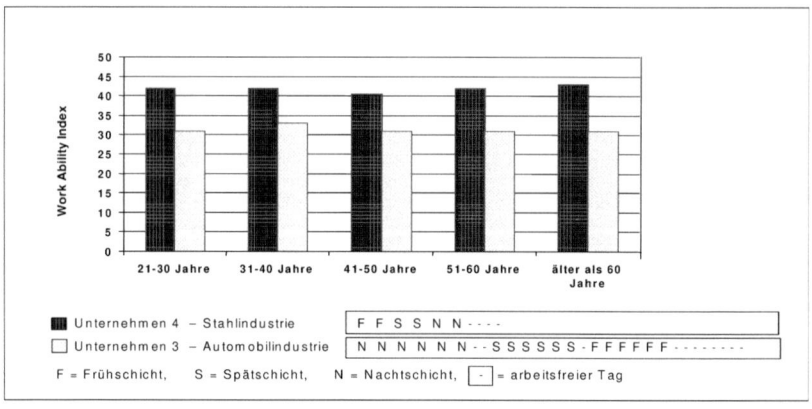

Abb. 49 Vergleich der durchschnittlichen Arbeitsfähigkeitsindizes in einem günstigen (Unternehmen 4) und einem ungünstigen Schichtplan (Unternehmen 3) in verschiedenen Altersklassen

4.5 Unternehmen 5

Ausgangslage / Motivation

Zusätzlich zu den Herausforderungen des demografischen Wandels sind bezüglich der Betrachtung von Langzeitkonten weitere gesetzliche Einflüsse auf dem deutschen Arbeitsmarkt zu berücksichtigen. Zum einen wird ab dem 01.01.2010 die staatliche Förderung für die betriebliche Altersteilzeit eingestellt (vgl. §16 AltTZG). Somit läuft die bisherige Möglichkeit der Arbeitnehmer, in einen staatlich subventionierten Vorruhestand zu gehen, aus. Außerdem beschloss der Gesetzgeber das Renteneintrittsalter ab dem Jahr 2012 schrittweise von 65 auf 67 Jahre anzuheben.

Diese Vorraussetzungen führen für die Beschäftigten zu einer Verlängerung der Lebensarbeitszeit. Die Unternehmen sind daher interessiert, die Leistungsfähigkeit ihrer Mitarbeiter bis ins hohe Alter zu fördern und mit dieser veränderten Altersstruktur die Herausforderungen der Zukunft zu meistern. Bei den Mitarbeitern rückt im Zuge der längeren Lebensarbeitszeit der Ausgleich zwischen Beruf und Privatleben (Work Life Balance) immer mehr in den Vordergrund. Somit gewinnen Langzeitkonten angesichts der aktuellen wirtschaftlichen, gesetzlichen und demografischen Entwicklung vor allem für Mitarbeiter, die körperlich tätig sind, immer mehr an Bedeutung.

Für das untersuchte Unternehmen wurde auf dieser Basis im Rahmen eines einjährigen Pilotversuches ein Langzeitkonten-Konzept für den gewerblichen Bereich entwickelt und umgesetzt.

Hypothese (spezifisch)

Die Entwicklung eines Langzeitkonten-Konzeptes für den gewerblichen Bereich erfordert eine flexible Gestaltung der Einbringungs- und Verwendungsmöglichkeiten.

Eingesetzte Methoden

Das Forschungsdesign der vorliegenden Studie besteht aus unterschiedlichen Phasen. Zu Beginn wurden persönliche Interviews zum Thema Langzeitkonto durchgeführt. Diese dienten, neben einer umfassenden Literaturrecherche, als Ausgangsbasis für die Erstellung des Langzeitkonten-Konzeptes. Nach einer dreimonatigen Einführungsphase wurde eine Mitarbeiterbefragung (n = 54) durchgeführt.

**Langzeitkontenkonzept in der Pilotphase:
Stichprobenbeschreibung**

Stichprobe der qualitativen Analyse

Bezüglich der Altersverteilung der interviewten Personen (n = 10) liegt der Hauptteil in der Altersklasse 41 bis 50 Jahre (80%), gefolgt von den Altersgruppen 31 bis 40 Jahre und 21 bis 30 Jahre. Lediglich 10% der interviewten Personen waren zwischen 51 und 60 Jahre alt. Des Weiteren wurden hauptsächlich Männer befragt (knapp 80%). Rund 90% der Teilnehmer leben in einer Partnerschaft.

Stichprobe der quantitativen Analyse

Für die quantitative Erhebung wurden zwei Pilotbereiche ausgewählt: Endfertigung und Labor. Diese Wahl ist in einer möglichst großen Heterogenität in unterschiedlichen Bedingungen bezüglich des Langzeitkontos begründet. Von allen Mitarbeitern in den beiden Pilotbereichen (n = 122) haben 54 Personen an der Mitarbeiterbefragung teilgenommen. Dies entspricht einer Beteiligungsquote von etwa 44,3 Prozent. Die Verteilung der Grundgesamtheit nach den zwei Pilotbereichen ergab folgendes Bild: Aus dem Bereich Endfertigung kamen 94,2 Prozent und aus dem Bereich Labor 5,8 Prozent der Mitarbeiter. Die Anzahl der an der Befragung teilnehmenden Teilzeitmitarbeiter liegt mit 28,8 Prozent deutlich über der Teilzeitquote des gesamten Unternehmens. Alle befragten Teilzeitmitarbeiter sind weiblich. In der Grundgesamtheit waren die weiblichen Teilnehmer mit 52 Prozent leicht in der Überzahl gegenüber ihren männlichen Kollegen mit 48 Prozent.

Zusammengefasste Ergebnisse

Ergebnisse der qualitativen Analyse

Die ausgewählten Ergebnisse der qualitativen Analyse lassen sich unterteilen in die subjektiv eingeschätzten Gründe für die Einführung von Langzeitkonten aus Unternehmenssicht, die Bewertung von Einbringungs- und Entnahmemöglichkeiten und die subjektiv eingeschätzten Auswirkungen von Langzeitkonten auf das Unternehmen und die Mitarbeiter.

Die zu Beginn des Interviews genannten Gründe für die Einführung von Langzeit-konten waren folgende (Mehrfachnennungen waren möglich):

‣ „vorgezogener Ruhestand" (8 Nennungen)

‣ „Ansparen von Weiterbildungszeiten" (7 Nennungen)

‣ „Work-Life-Balance" (7 Nennungen)

‣ „Absicherung gegen Beschäftigungsschwankungen" (6 Nennungen)

‣ „Beseitigung von Personalengpässen" (6 Nennungen)

‣ „Image" (6 Nennungen)

‣ „Ansparen von Langzeiturlaub" (3 Nennungen)

‣ „Mitarbeiterbindung" (3 Nennungen)

Bei der Frage nach den Einbringungsmöglichkeiten auf das Langzeitkonto, wurde eine Unterteilung in zeitliche und monetäre Faktoren vorgenommen. Bei der zeitlichen Einbringungsmöglichkeit wurde am häufigsten „Mehrarbeit" (n = 8), gefolgt von „Zeit aus Arbeitszeitbudget" (n = 6) und „Resturlaub" (n = 5) genannt. Nur eine Person äußerte die Möglichkeit der Einbringung von „Tagen aus dem laufenden Urlaub".

Bezüglich der monetären Einbringung wurde mit fünf Nennungen „Prämien und Sonderzahlungen" angesprochen. Jeweils vier Personen sahen die Möglichkeit der „Boni" und „tarifliche Zulagen". Nur dreimal wurde „%-Anteil der Gesamtvergütung" und „Teile des Grundgehalts" genannt.

Somit kann eindeutig von einer Präferenz für die zeitliche Einbringung gesprochen werden. Diesbezüglich sollte die Einbringung von Resturlaub jedoch nur unter der Voraussetzung möglich sein, dass keine Gefährdung der Erholung besteht. Aufgrund hoher finanzieller Belastungen der Mitarbeiter wird die Einbringung von monetären Aspekten als kritisch gesehen.

Entsprechend der subjektiv eingeschätzten Gründe für die Einführung von Lang-zeitkonten aus Unternehmenssicht ergab sich bei den Entnahmemöglichkeiten aus Mitarbeitersicht folgendes Bild: Acht Personen nannten den „vorgezogenen Ruhe-stand" und die „Vereinbarkeit von Beruf und Familie" als vorrangiges Entnahmeziel. „Weiterbildung" wurde von sieben Interviewpartnern angesprochen, gefolgt von „Langzeiturlaub" (n = 5).

Generell ist zu sagen, dass die interviewten Personen einen eher lückenhaften Informationsstand aufwiesen, z.B. bezüglich der generellen Möglichkeiten von Langzeitkonten. Allerdings kann das Interesse an Langzeitkonten insbesondere bei den jüngeren Befragten als ausgesprochen hoch eingeschätzt werden. Es waren jedoch auch kritische Äußerungen anzutreffen, die vor allem die Sicherung des angesparten Guthabens und die generelle Möglichkeit der Einbringung umfassten.

Untermauert wird dieses Bild durch die nachfolgend beschriebenen Ergebnisse der quantitativen Analyse.

Ergebnisse der quantitativen Untersuchung

Der Informationsstand der Mitarbeiter bezüglich Langzeitkonten ist als mittelmäßig anzusehen. Rund ein Drittel aller Teilnehmer fühlt sich voll und ganz bzw. überwiegend ausreichend informiert. Allerdings gibt es bei fast einem Viertel der Beschäftigten noch hohe bis sehr hohe Informationsdefizite, wobei der Informationsgrad der Vollzeitbeschäftigten signifikant höher ist als der der Teilzeitbeschäftigten.

Hinsichtlich der Vorteile von Langzeitkonten wurde der Nutzen für den vorgezogenen Ruhestand (28,8%) und für die Familie (13,5%) genannt. Deutlich weniger Teilnehmer erachten die Nutzung des Langzeitkontos für eine längere Auszeit (5,8%) sowie für eine Weiterbildung (3,8%) als Vorteil. Dies untermauert die relative Bedeutung der Auszeit aus familiären Gründen.

Als Nachteile wurden die unflexible Verfügung über das Guthaben (13,5%) und die unzureichende Möglichkeit, Überstunden aufzubauen (9,6%) gesehen. Dies liegt unter Umständen an der bisher eingeschränkten Variabilität des Langzeitkontos während des Testbetriebes. Weitere wesentliche Nachteile sind die Ungewissheit über die Zukunft, die Gefahr der Selbstausbeutung und die fehlende Möglichkeit der Auszahlung der Guthaben.

Analog zur qualitativen Analyse wurden ebenso in der quantitativen Erhebung die Einbringungs- und Entnahmemöglichkeiten detailliert erfragt.

Als wichtigste zeitbezogene Einbringungsmöglichkeit wurde von den Mitarbeitern Zeit aus dem Gleitzeitkonto angegeben (Abb. 50).

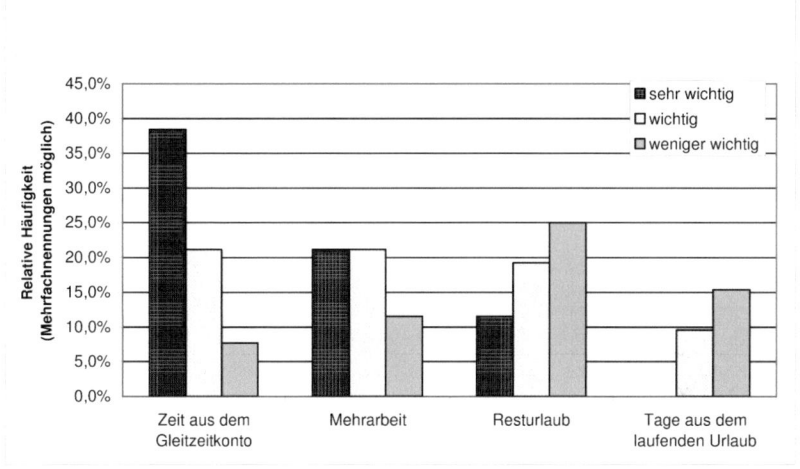

Abb. 50 Beurteilung verschiedener Einbringungsmöglichkeiten von Zeit auf das Langzeitkonto

Diese Möglichkeit der Zeitansparung wird von 38,5 Prozent der Teilnehmer als „sehr
wichtig" und von 21,2 Prozent der Teilnehmer als „wichtig" erachtet. Mehrarbeit wird
ebenfalls als eine wichtige Form der Zeiteinbringung gesehen. Jeweils 21,2 Prozent
der Beschäftigten erachten diese Möglichkeit als „sehr wichtig" bzw. „wichtig". Die
Verwendung des Urlaubs als Ansparmöglichkeit spielt in Form von Tagen aus dem
laufenden Urlaub eine weniger wichtige Rolle.

Die von den Mitarbeitern erfolgte Bewertung der verschiedenen Geldeinbringungs-
möglichkeiten ist in Abbildung 51 wiedergegeben.

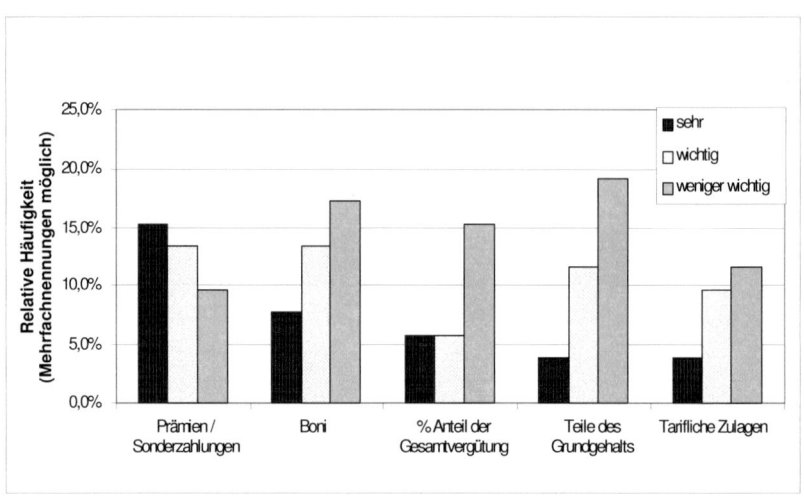

Abb. 51 Beurteilung verschiedener Einbringungsmöglichkeiten von Geld auf das Langzeitkonto

Insgesamt sind die Unterschiede zwischen den verschiedenen Geldwertvarianten nicht so stark ausgeprägt wie bei den Zeitwerten. Als wichtigste Ansparmöglichkeit sehen die Mitarbeiter Prämien und Sonderzahlungen. Über 28 Prozent erachten diese Möglichkeit des Guthabenaufbaus als „sehr wichtig" oder „wichtig". Bei den restlichen Optionen stellen die Teilnehmer mit der Einstellung „weniger wichtig" jeweils den größten Anteil.

Die Möglichkeit der Beschäftigten, sich einen prozentualen Anteil der Gesamtvergütung oder Teile des Grundgehalts gutschreiben zu lassen, ist für die Mehrzahl der Mitarbeiter eher „weniger wichtig". Bei der Ansparvariante eines prozentualen Anteils der Gesamtvergütung ergibt sich allerdings ein signifikanter Unterschied zwischen der Gruppe „Unter 40 Jahre" und „Über 40 Jahre". Die älteren Mitarbeiter erachten die Möglichkeit, einen prozentualen Anteil an der Gesamtvergütung auf dem Langzeitkonto gutzuschreiben, als noch weniger wichtig als ihre jungen Kollegen (p = 0,019).

Zusätzlich zu dieser Einschätzung der Einbringungsvarianten nach Wichtigkeit wurde von den Mitarbeitern abgefragt, ob die verschiedenen Ansparmöglichkeiten für sie auch möglich sind. Es lassen sich deutliche Unterschiede zwischen den für die Mitarbeiter möglichen Einbringungsvarianten von Zeit- und Geldanteilen erkennen. Für alle Mitarbeiter, die sich zu dieser Frage äußerten (75%), besteht die Möglichkeit, Überstunden auf dem Langzeitkonto gutzuschreiben. Geldanteile in Form von Teile des Bruttolohns oder Bonus ist nur für einen geringen Prozentsatz der Mitarbeiter möglich (7,7% bzw. 3,8%). Die Option, Überstunden auf dem Langzeitkonten einzubringen, wird von über 65 Prozent der Beschäftigten als sehr wichtig eingestuft. Ungefähr 25 Prozent erachten diese Möglichkeit als weniger wichtig.

Bei der direkten Nachfrage, ob die Mitarbeiter gemäß ihrer Arbeitszeit tatsächlich auch in der Lage sind, Überstunden einzubringen, wurde ein signifikanter Unterschied zwischen Vollzeit- und Teilzeitmitarbeitern festgestellt (p=0,021). 86 Prozent der Vollzeitbeschäftigten sind in der Lage, Überstunden anzusparen und dem Langzeitkonto gutzuschreiben. Im Gegensatz dazu sehen sich mit 53 Prozent nur knapp mehr als die Hälfte der Teilzeitbeschäftigten dazu aufgrund größerer Schwierigkeiten in der Ansparung von Geld oder Zeit imstande.

Die Mehrheit der Beschäftigten will das Langzeitkonto für einen vorgezogenen Ruhestand nutzen (Abb. 52).

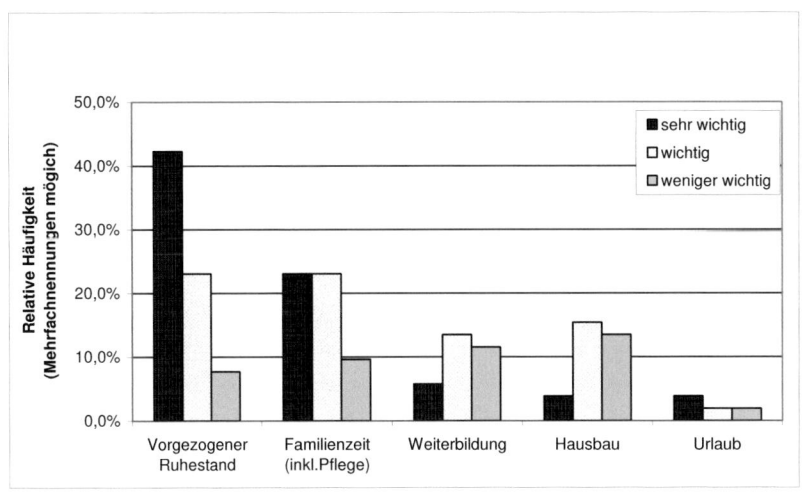

Abb. 52 Gewünschte Entnahmemöglichkeiten aus dem Langzeitkonto

Weniger als die Hälfte der Befragten (42%) erachtet diese Nutzungsmöglichkeit als „sehr wichtig". Ein weiterer bevorzugter Verwendungszweck ist mit 57,7 Prozent die Nutzung für Familienzeit (inkl. Pflege), wobei jeweils 23,1 Prozent diese Absicht mit „sehr wichtig" oder „wichtig" bewerteten. Jeweils ein Drittel der Beschäftigten kann sich die Verwendung für eine Weiterbildung oder für den Hausbau vorstellen. Eine eher untergeordnete Rolle spielt die Verwendung für Urlaub. Insgesamt gaben nur 7,7 Prozent diesen Nutzungswunsch an.

Hinsichtlich der Verwendung für den vorgezogenen Ruhestand wurde ein signifikanter Unterschied zwischen den jüngeren und älteren Mitarbeitern festgestellt. Es zeigt sich, dass die Gruppe „Unter 40 Jahre" eher dazu geneigt ist, das Langzeitkonto für den vorgezogenen Ruhestand zu verwenden als die Gruppe „Über 40 Jahre". Die separate Betrachtung der Mittelwerte ergibt, dass bei den Jüngeren 92 Prozent und bei den Älteren 70 Prozent der Gruppenzugehörigen das Langzeitkonto für einen vorgezogenen Ruhestand verwenden würden. Hinsichtlich der Verwendungsmöglichkeit Familienzeit würden 64 Prozent der „Unter 40 Jährigen" das Langzeitkonto für Zeit mit der Familie nutzen. In der Gruppe der „Über 40 Jährigen" geben nur 37 Prozent diesen Verwendungszweck an. Dies ergibt einen Unterschied von 27 Prozent.

Die Beschäftigten sehen die eigene Karriere durch eine längere Freistellung eher gefährdet. Die Auswertung zu dieser Aussage ergab einen Mittelwert von 2,47. Dagegen vertreten die Mitarbeiter überwiegend die Meinung, dass der Arbeitsablauf bei einer längeren Freistellung eines Kollegen kaum gestört wird. Der Mittelwert liegt mit 3,17 leicht im „positiven" Bereich. Des Weiteren sehen die Befragten wenige Probleme bei der Informationsweitergabe vor der Auszeit des Kollegen. Eine Informationsweitergabe nach der Auszeit wird zwar relativ als etwas problematischer gesehen, allerdings lässt sich dabei weder eine positive noch eine negative Tendenz feststellen, da der Mittelwert exakt bei 3,0 liegt. Ein Grund für die befürchtete Karrierebremse könnte der problematische Wiedereinstieg aus der Freistellungs- in die Arbeitsphase sein. Mit einem Mittelwert von 2,82 wird dies als größtes Problem bei der Inanspruchnahme des Langzeitkontos gesehen. Weitere Bedenken, die die Mitarbeiter mit dem Langzeitkonto in Verbindung bringen, sind die Verfügbarkeit der Stunden des Wertguthabens, die Störung des täglichen Arbeitsablaufes bei einer Freistellung aufgrund der Stellenbesetzung während der Auszeit und die Problematik der Rückkehr auf den angestammten Arbeitsplatz.

Bei der Attraktivität nach Altersgruppen zeigte sich, dass die Attraktivität für Jüngere mit dem Mittelwert von 1,76 zustimmend eingeschätzt wird, jedoch ist sie für Ältere deutlich geringer mit einem Mittelwert von 3,64. Ein kaum relevanter Unterschied existiert zwischen Männern und Frauen.

Hinsichtlich der Fremdeinschätzung – wie Führungskräfte sich zu diesem Thema äußern würden – ergab die Gruppeneinteilung „Unter 40 Jahre" und „Über 40 Jahre" signifikante Unterschiede. Demnach sind die älteren Beschäftigten („Über 40 Jahre") eher der Meinung, dass die Führungskräfte das Langzeitkonto positiv sehen als die jüngeren Mitarbeiter („Unter 40 Jahre").

Deutliche Unterschiede sind des Weiteren bei den Einstellungen zum Ansparen anzutreffen. Bei den Aspekten des Ansparens sollte unter anderem die Idee einer Testphase für weitere Ansparmöglichkeiten und die Unterstützung des Ansparens durch die Führungskraft bewertet werden. Außerdem wurde gefragt, ob sich die Mitarbeiter vorstellen können, eine längere Auszeit anzusparen. Das Mittel der Beschäftigten schätzt die Idee einer Testphase für weitere Ansparmöglichkeiten positiv ein. Der Durchschnittswert liegt mit 2,56 im „positiven" Bereich. Dagegen schneiden die anderen Aussagen bezüglich der Einstellung schlechter ab. Die Unterstützung der Führungskraft liegt mit Mittelwert von 3,36 etwas im „negativen" Bereich.

Demgegenüber wurden die positiven Auswirkungen des Langzeitkontos erfragt. Nach Meinung der Mitarbeiter hat ein Langzeitkonto die positivsten Auswirkungen auf das Überstundenvolumen (MW: 2,43) und das Privatleben (MW: 2,59). Außerdem werden positive Effekte bei der Attraktivität des Unternehmens als Arbeitgeber und der Mitarbeiterzufriedenheit gesehen. Für die Faktoren Stress, Gesundheit und Krankenstand schien dagegen das Langzeitkonto keinen förderlichen Einfluss zu haben; die Mittelwerte liegen alle im „negativen" Bereich.

Die nachfolgend beschriebenen Ergebnisse der Korrelationsanalyse sollen Aufschluss über mögliche Zusammenhänge zwischen verschiedenen Item-Komplexen geben.

Im oberen Abschnitt der Tabelle 15 ist zu erkennen, dass die Vorstellung der Mitarbeiter, sich eine längere Freistellung ansparen zu können, mit den erkannten Problemen einer Freistellung positiv korreliert. Dies gibt Aufschluss darüber, dass sich die Beschäftigten trotz gesehener Probleme dazu in der Lage sehen, eine längere Freistellung anzusparen. Eine negative Korrelation besteht zwischen „Ich sehe den Wiedereinstieg als ein Problem bei der Inanspruchnahme des Langzeitkontos" und

„Ich finde es sinnvoll das Langzeitkonto in Zukunft für die Vereinbarung von Beruf und Familie nutzen zu können" (-0,722). Wie bereits dargestellt, steht der Verwendungszweck für die Vereinbarkeit von Familie und Beruf in einer positiven Beziehung zu kürzeren Auszeiten (s.o.). Dies lässt den Schluss zu, dass der Wiedereinstieg für diese Art der Freistellungsnutzung, wahrscheinlich wegen der kürzeren Auszeit, als weniger problematisch gesehen wird.

	Ich kann mir gut **vorstellen**, dass ich mir über einige Jahre **eine längere Freistellung ansparen** kann.	Ich finde es **sinnvoll**, das LZK in Zukunft auch für die **Vereinbarkeit von Beruf und Familie** nutzen zu können.
Probleme der Freistellung		
Ich sehe die **Informationsweitergabe vor der Auszeit** als Problem bei der Inanspruchnahme des Langzeitkontos.	0,789	
Ich sehe die **Informationsweitergabe nach der Auszeit** als Problem bei der Inanspruchnahme des Langzeitkontos.	0,658	
Ich sehe den **Wiedereinstieg** als ein Problem bei der Inanspruchnahme des Langzeitkontos.	0,877	-0,722
Positive Auswirkungen		
Langzeitkonten könnten sich positiv auswirken auf die **Attraktivität des Betriebs als Arbeitgeber.**		0,599
Langzeitkonten könnten sich positiv auf das **Privatleben** auswirken.	0,780	0,868
Akzeptanz LZK, Zufriedenheit Ansparmöglichkeit, Attraktivität für Jüngere		
Ich finde es **sinnvoll**, das **Langzeitkonto** für das ganze Unternehmen **einzuführen.**	0,827	0,767
Ich bin **zufrieden** mit den Ansparmöglichkeiten von **Überstunden**, die ich in den letzten Monaten hatte.	-0,544	
Für **Jüngere** ist das Langzeitkonto attraktiv.	0,760	

LZK = Langzeitkonto

Tab. 15   Zusammenhänge zwischen Einstellungen zum Ansparen und zur Vereinbarkeit von Beruf und Familie auf der einen Seite und Problemen bzw. positiven Auswirkungen von Langzeitkonten auf der anderen Seite

Wenn Langzeitkonten für die Vereinbarkeit von Beruf und Familie genutzt werden können, wird sich dies vermutlich positiv auf die Attraktivität des Arbeitsgebers und natürlich auf das Privatleben auswirken. Dies lässt vermuten, dass die Mitarbeiter den Gedanken der Work Life Balance immer wichtiger einstufen.

Wie bereits in den oben beschriebenen Ergebnissen deutlich wurde, spielt neben dem Alter die Beschäftigung als Teilzeitkraft eine entscheidende Rolle bei der Bewertung von Langzeitkonten (Tab. 16). So ergab die Betrachtung der Korrelation des Items „Für Teilzeitmitarbeiter ist das Langzeitkonto attraktiv" mit der möglichen „Ausweitung der Ansparmöglichkeiten", dass ein gleichgerichteter Zusammenhang mit der Ausweitung von verschiedenen Ansparmöglichkeiten besteht. Diese Tatsache gibt Anlass zu der Interpretation, dass eine Ausweitung dieser Ansparmöglichkeiten zu einer erleichterten Nutzung des Langzeitkontos für die Teilzeitmitarbeiter führt. Allerdings muss dafür vorausgesetzt werden, dass die Teilzeitmitarbeiter das Langzeitkonto überhaupt als attraktiv einschätzen. Da das nach der Betrachtung der deskriptiven Analyse bezweifelt werden muss, ist dieser Zusammenhang möglicherweise genau gegenteilig zu verstehen und eher als Resignation einzuordnen.

Des Weiteren besteht ein positiver Zusammenhang zwischen der Attraktivität des Langzeitkontos für die Teilzeitmitarbeiter und deren Einführung für das gesamte Unternehmen (0,569). Bei gleicher Annahme wie oben, kann daraus gefolgert werden, dass die Teilzeitmitarbeiter eine negative Beziehung zu der Einführung von Langzeitkonten aufweisen, was bereits bei den deskriptiven Ergebnissen festgestellt wurde.

	Für Teilzeitmitarbeiter ist das Langzeitkonto attraktiv.
Ausweitung der Ansparmöglichkeiten	
Eine Ausweitung der Ansparmöglichkeiten **von Überstunden** würde mir die Nutzung des Langzeitkontos erleichtern.	0,712
Eine Ausweitung der Ansparmöglichkeiten **von aktuellen Urlaubstagen** würde mir die Nutzung des Langzeitkontos erleichtern.	0,822
Eine Ausweitung der Ansparmöglichkeiten **von Resturlaubstagen** würde mir die Nutzung des Langzeitkontos erleichtern.	0,680
Eine Ausweitung der Ansparmöglichkeiten **von Anteilen des Bruttolohns** würde mir die Nutzung des Langzeitkontos erleichtern.	0,682
Eine Ausweitung der Ansparmöglichkeiten **von Weihnachtsgeld** würde mir die Nutzung des Langzeitkontos erleichtern.	0,682
Akzeptanz Langzeitkonto	
Ich finde es **sinnvoll**, das **Langzeitkonto** für das ganze Unternehmen **einzuführen**.	0,569

Tab. 16   Zusammenhänge zwischen der Attraktivität von Langzeitkonten für Teilzeitarbeiter und Wünschen in Bezug auf deren Gestaltung und Implementierung

Abschließend werden in der Tabelle 17 weitere Korrelationen dargestellt. Bei der Frage, ob das Langzeitkonto für das ganze Unternehmen eingeführt werden soll, besteht eine positive Beziehung zu den Problemen der Freistellung. Dies könnte bedeuten, dass die Mitarbeiter, die eine Freistellung problematisch sehen, trotzdem einer Einführung dieses Arbeitszeitmodells zustimmen. Zu dieser Aussage konnten zwei weitere positive Korrelationen festgestellt werden. Demnach existiert ein gleichgerichteter Zusammenhang mit den positiven Auswirkung des Langzeitkontos auf das Privatleben und zum anderen gegenüber einem ausreichenden Insolvenzschutz. Das bedeutet, dass auch die Gewährleistung des Insolvenzschutzes für die Mitarbeiterakzeptanz eine Rolle spielt.

	Ich finde es sinnvoll, das LZK für das ganze Unternehmen einzuführen.	Langzeit-konten können sich positiv auf Über-stunden auswirken.	Langzeit-konten können sich positiv auf Stress auswirken.	Langzeit-konten können sich positiv auf die Stabilitä der Be-schäftigung auswirken.	Eine längere Frei-stellung könnte als Karriere-bremse wirken.
Probleme bei der Freistellung					
Ich sehe die **Informationsweitergabe vor der Auszeit** als ein Problem bei der Inanspruchnahme des Langzeitkontos.	0,799				
Ich sehe die **Informationsweitergabe nach der Auszeit** als ein Problem bei der Inanspruchnahme des Langzeitkontos.	0,680				
Ich sehe den **Wiedereinstieg** als ein Problem bei der Inanspruchnahme des Langzeitkontos.	0,822				
Eine längere Freistellung des Kollegen **stört den Arbeitsablauf.**			0,821		-0,843
Positive Auswirkungen					
Langzeitkonten könnten sich positiv auf die **Gesundheit** auswirken.			0,855		
Langzeitkonten könnten sich positiv auf das **Privatleben** auswirken.		0,708	0,808		
Langzeitkonten könnten sich positiv auf das **Betriebsklima** auswirken.				0,810	
Ausweitung Ansparmöglichkeit, Insolvenzschutz					
Eine Ausweitung der Ansparmöglichkeit **von Überstunden** würde mir die Nutzung des Langzeitkontos erleichtern.		0,652			
Ich habe das Gefühl, dass mein Langzeitkonto **gut gegen Insolvenz geschützt** ist.	0,767				

LZK = Langzeitkonto

Tab. 17 Zusammenhänge zwischen Einstellungen zu Langzeitkonten und Problemen, Chancen und Sicherheit von Langzeitkonten

Die positive Auswirkung des Langzeitkontos auf das Privatleben korreliert gleichgerichtet mit Auswirkungen auf das Stressempfinden. Dies lässt darauf schließen, dass mit dem Stress nicht zwingend nur beruflicher Stress gemeint ist. Ein intaktes Privatleben kann zu einer Stressreduktion führen. Dies relativiert auch die gleichgerichtete Beziehung zwischen der positiven Auswirkung des Langzeitkontos auf Stress und der Meinung, dass eine längere Freistellung den Arbeitsablauf stört. Wenn Stress beruflicher Natur ist, kann dieser positive Zusammenhang nicht begründet werden. Durchaus erklärbar ist jedoch der positive Zusammenhang zwischen den positiven Auswirkungen des Langzeitkontos auf Stress und auf die Gesundheit. Falls sich das Langzeitkonto positiv auf Stress auswirkt, hat das auch positive Auswirkungen auf die Gesundheit. Eine ähnliche Interpretation lässt der gleichgerichtete Zusammenhang zwischen der positiven Auswirkung des Langzeitkontos auf die Stabilität der Beschäftigung und das Betriebsklima zu. Eine erhöhte Beschäftigungssicherung führt demnach zu einer Verbesserung des Betriebsklimas.

Eine weitere gleichgerichtete Korrelation liegt zwischen der positiven Auswirkung der Langzeitkonten auf die Überstunden und der erleichterten Nutzung des Langzeitkontos durch eine Ausweitung der Ansparmöglichkeit von Überstunden vor. Dieser Zusammenhang könnte daraus resultieren, dass eine Ausweitung dieser Ansparmöglichkeit nicht nur die Nutzung des Langzeitkontos erleichtert, sondern sich auch positiv auf die Überstunden auswirkt. Die letzte dargestellte Korrelation zeigt eine negative Beziehung zwischen der Ansicht, dass eine längere Freistellung die eigene Karriere bremst und den Arbeitsablauf stört. Dies könnte damit erklärt werden, dass eine Freistellung nach Meinung der Beschäftigten zwar den Arbeitsablauf der weiter arbeitenden Belegschaft stört, aber für die eigene Karriere nicht zwingend hinderlich ist.

Bei den oben diskutierten Ursache-Wirkungs-Beziehungen handelt es sich nur um Vermutungen, da die Korrelationsanalyse diese Interpretation nicht erlaubt.

Fazit

Die empirische Analyse belegt, dass die Mitarbeiter in dem untersuchten Unternehmen besonderes Interesse an einer Freistellung für den vorgezogenen Ruhestand oder für Familienzeit haben. Außerdem werden kürzere Auszeiten (4 Wochen) als sinnvoll und möglich erachtet. Bei den untersuchten Fragestellungen konnten signifikante Unterschiede zwischen Vollzeit- und Teilzeitmitarbeitern wie auch zwischen jüngeren und älteren Arbeitnehmern nachgewiesen werden. Vor allem hinsichtlich des Informationsgrades wurden wesentliche Unterschiede registriert. Bei dem Vergleich zwischen Jüngeren und Älteren konnte unter anderem ein Unterschied hinsichtlich des Informationstandes über die steuerlichen Vorzüge des Langzeitkontos ermittelt werden. Dabei hatten die Beschäftigten, die älter als 40 Jahre waren, einen signifikant höheren Informationsgrad als ihre jüngeren Kollegen.

Mit Hilfe der Korrelationsanalyse konnte unter anderem festgestellt werden, dass die Einschätzung der Mitarbeiter über Probleme einer Freistellung mit zunehmendem Informationsgrad abnimmt. Außerdem wurde nachgewiesen, dass eine Nutzung des Langzeitkontos für die Vereinbarkeit von Familie und Beruf positiv mit kürzeren Auszeiten und der Attraktivität des Betriebes als Arbeitgeber korreliert.

Aufgrund der geringen Stichprobe lassen sich die Ergebnisse der empirischen Untersuchung nicht generalisieren.

Insgesamt bietet das Langzeitkonto viele Vorzüge und besitzt Potenziale, den Herausforderungen des demografischen Wandels zu begegnen.

Langzeitkonten sind für die Unternehmensleitung als neue Form der Arbeitszeitflexibilisierung zu empfehlen. Bei der Ausgestaltung muss jedoch beachtet werden, dass „grenzenlose" Langzeitkonten aus arbeitswissenschaftlicher Sicht nicht optimal sind. Vor allem die Gefahr der Selbstausbeutung kann durch eine geeignete Reglementierung vermieden werden.

Für die Unternehmen bietet das Langzeitkonto vor allem Vorteile durch den Erhalt der Leistungsfähigkeit und, z.B. über finanzielles Ansparen, die Verkürzung der Lebensarbeitszeit der Mitarbeiter. Damit können die Folgen der Alterung der Belegschaft gemildert werden.

Dagegen muss das Unternehmen vor allem den Verwaltungsaufwand und die damit verbunden Kosten abwägen, die bei der Implementierung sowie der Führung des Langzeitkontos entstehen.

5 Literaturverzeichnis

5.1 Bisherige Veröffentlichungen zum Forschungsprojekt KRONOS

Diel, C., Höfer, K.
Arbeitszeitkonzept für die alternde Belegschaft bei der Rasselstein GmbH. In:
P. Knauth, K. Elmerich, D. Karl (Hrsg.) Risikofaktor demografischer Wandel.
Generationenvielfalt als Unternehmensstrategie, Symposion Publishing, Düsseldorf,
275-296, 2009

Elmerich, K., Karl, D., Knauth, P.
Alternsgerechte Qualifizierung. In: P. Knauth, K. Elmerich, D. Karl (Hrsg.)
Risikofaktor demografischer Wandel. Generationenvielfalt als Unternehmensstrategie,
Symposion Publishing, Düsseldorf, 147–201, 2009

Elmerich, K., Knauth, P., Sohn, J.
Lebensphase statt Kalender. In: PERSONAL Z. für Human Resource Management,
Heft 3, 18-22, 2007.

Elmerich, K., Karl, D., Knauth, P., Rott, M., Watrinet, C.
Mitarbeiterorientierte Bewertung von Kriterien zur Schichtplangestaltung. In: GfA
(Hrsg.) Kompetenzentwicklung in realen und virtuellen Arbeitssystemen, 53.
Kongress der Gesellschaft für Arbeitswissenschaft, Otto-von-Guericke-Universität
Magdeburg und dem Fraunhofer Institut Magdeburg IFF, 28. Februar – 02. März
2007, GfA-Press, Dortmund, 655-658, 2007.

Elmerich, K., Karl, D., Rott, M., Watrinet, C. und Knauth, P.
Langzeitkonten und demografischer Wandel. In: GfA (Hrsg.) Kompetenzentwicklung
in realen und virtuellen Arbeitssystemen, 53. Kongress der Gesellschaft für
Arbeitswissenschaft, Otto-von-Guericke-Universität Magdeburg und dem Fraunhofer
Institut Magdeburg IFF, 28. Februar – 02. März 2007, GfA-Press, Dortmund, 631-634,
2007.

Hansen, H.C. und Zober, A.
Strategien für alternde Belegschaften. In: P. Knauth, K. Elmerich, D. Karl (Hrsg.)
Risikofaktor demografischer Wandel. Generationenvielfalt als Unternehmensstrategie,
Symposion Publishing, Düsseldorf, 247-274, 2009

Karl, D.
Die Arbeitsfähigkeit als individuelles Prozessgeschehen. In: P. Knauth, K. Elmerich,
D. Karl (Hrsg.) Risikofaktor demografischer Wandel. Generationenvielfalt als
Unternehmensstrategie, Symposion Publishing, Düsseldorf, 47-74, 2009

Karl, D., Elmerich, K., Knauth, P.
Alter ist nicht alles! der Einsatz der WAI bei Schichtarbeitern. In: baua Bundesanstalt
für Arbeitsschutz und Arbeitsmedizin (Hrsg.) Why WAI? Der Work Ability Index im
Einsatz für Arbeitsfähigkeit und Prävention – Erfahrungsberichte aus der Praxis,
Lausitzer Druck- und Verlagshaus, Bautzen, 77-81, 2007

Karl, D., Knauth, P., Emerich, K., Rott, M. und Watrinet, C.
Teilprojekt KRONOS. Lebensarbeitszeitmodelle: Chancen für Unternehmen und
Mitarbeiter. Z. Arb. Wiss. Nr. 4/2006, 60. Jg., 256-264, 2006.

Knauth, P.
Lebensarbeitszeitmodelle zum Erhalt oder zur Verbesserung der Arbeitsfähigkeit. In:
G. Zülch, P. Stock, J. Hrdina. T. Gamber (Hrsg.). Tagungsunterlagen zum Workshop
im Rahmen des DFG-Projektes „Prozessoptimierung und effizienter Personaleinsatz
im Krankenhausbereich. Gestaltung flexibler Arbeitszeitmodelle mit Hilfe der
personalorientierten Simulation" am 16.04.2007 in Karlsruhe,. Universität Karlsruhe
(TH), Institut für Arbeitswissenschaft und Betriebsorganisation (ifab), Karlsruhe,
93-110, 2007.

Knauth, P.
Arbeitszeitgestaltung für die alternde Belegschaft
In: GfA (Hrsg.) Die Kunst des Alterns, Herbstkonferenz 2007 der Gesellschaft für
Arbeitswissenschaft, E.ON Mitte AG, Kassel, 13. und 14. September 2007, GfA-
Press, Dortmund, 27-44, 2007.

Knauth, P.
Lebensarbeitszeitmodelle: Chancen und Risiken für Unternehmen und Mitarbeiter
(Teilprojekt KRONOS)
Z. für Arb.wiss Nr. 60.Jg, 78-80, 2006.

Knauth, P., Elmerich, K., Karl, D.
Risikofaktor demografischer Wandel. Generationenvielfalt als Unternehmensstrategie
Hrsg.: P. Knauth, K. Elmerich, Kathrin; D. Karl
Symposion Publishing, Düsseldorf, 2009

Knauth, P., Elmerich, K., Karl, D.
Arbeitsgestaltung für alternde Belegschaften. In: P. Knauth, K. Elmerich, D. Karl
(Hrsg.) Risikofaktor demografischer Wandel. Generationenvielfalt als
Unternehmensstrategie, Symposion Publishing, Düsseldorf, 109-146, 2009

Knauth, P., Gauderer P.C., Elmerich, K., Karl, D.
Multi-perspective IT Evaluation Tool for Shift Schedules. In: C.M. Schlick (eds.)
Methods and Tools of Industrial Engineering and Ergonomics, Springer Verlag,
Berlin, Heidelberg, 2009

Knauth P., Karl, D., Elmerich, K.
Lebensarbeitszeitmodelle, Wirtschaftspsychologie 3, 44-61, 2008.

Knauth, P., Karl, D., Elmerich, K., Watrinet, C. und Rott M.
Lebensarbeitszeitmodelle. In: GfA (Hrsg.) Kompetenzentwicklung in realen und
virtuellen Arbeitssystemen, 53. Kongress der Gesellschaft für Arbeitswissenschaft,
Otto-von-Guericke-Universität Magdeburg und dem Fraunhofer Institut Magdeburg
IFF, 28. Februar – 02. März 2007, GfA-Press, Dortmund, 817-820, 2007.

Pieper, M.
Das Projekt „Heute für morgen" bei der BMW Group – Den demographischen
Realitäten aktiv begegnen. In: P. Knauth, K. Elmerich, D. Karl (Hrsg.) Risikofaktor
demografischer Wandel. Generationenvielfalt als Unternehmensstrategie, Symposion
Publishing, Düsseldorf, 217-246, 2009

Watrinet, C., Elmerich, K., Karl, D. und Knauth, P.
Unternehmenskultur und Führung – Schlüsselfaktoren zur Bewältigung des demografischen Wandels. In: P. Knauth, K. Elmerich, D. Karl (Hrsg.) Risikofaktor demografischer Wandel. Generationenvielfalt als Unternehmensstrategie, Symposion Publishing, Düsseldorf 75-108, 2009

Watrinet, C., Rott, M., Elm erich, K., Karl, D. und Knauth, P.
Auswirkungen der Verschiebung des Schichtwechselzeitpunktes und der Einführung von Kurzpausen auf die Schlafdauer und -qualität, die subjektive und objektive Ermüdung. In: GfA (Hrsg.) Kompetenzentwicklung in realen und virtuellen Arbeitssystemen, 53. Kongress der Gesellschaft für Arbeitswissenschaft, Otto-von-Guericke-Universität Magdeburg und dem Fraunhofer Institut Magdeburg IFF, 28. Februar – 02. März 2007, GfA-Press, Dortmund, 651-654, 2007.

5.2   Im Forschungsbericht zitierte Literatur

Barton, J.M., Spelten, E., Totterdell, P., Smith, L., Costa, G. and Folkard, S.
The standard shiftwork index: a battery of questionnaires for assessing shiftwork related problems. Work and Stress 9, 1, 4-30, 1995.

Corlett, E.N. and Bishop, R.P.
A technique for measuring postural discomfort. Ergonomics, 9, 175-182, 1976.

Fergen, A., Schweflinghaus, W., Tiedemann, A.
Gute Arbeit im Schichtbetrieb? So werden Schichtpläne besser. In: Arbeitsmappe des Projekts „Gute Arbeit".IG Metall, Frankfurt am Main:ULR: www.igmetall.de/gutearbeit/ (2006)

Gärtner, J., Hörwein, K., Janke, M. & Wahl, S.
Schichtplanassistent 3.0 – Flexible Werkzeuge für die Schichtplanung. URL: http://www.ximes.com/ pdf/spa.pdf. (2005, November 8).

Gissel, A.
Wissensbasierte Prozessunterstützung für das ergonomische Design und die Implementierung von Schichtsystemen – Konzeption eines Prototyps. Peter Lang, Frankfurt/ Main, Bern, New York, Paris, 1998.

Heikkinen, E.
Healthy Aging. Utopia or a Realistic Target? In: E. Heikkinen, J. Kuusinen, I. Ruoppila (eds.) Preparing for Aging, Plenum Press, New York, 105-144, 1995.

Ilmarinen, J., Tuomi, K.
Past present and future of work ability. In: J. Ilmarinen, S. Lehtinen (eds.). Past present and Future of Work Ability – People and Work Research Report 65, Finnish Institute of Occupational Health, Helsinki, 2004, 1-25.

Jansen, B.
The Rota-Risk-Profile-Analysis. Le Travail humain, 53, 119-137, 1990.

Jansen, B., Kroon, H.
Rota-Risk-Profile-Analysis. In: Work & Stress 2: 2/3, 245-255, 1995.

Kiesswetter, E.
Das circadiane und adaptive Verhalten psychischer und physischer Funktionen bei
experimenteller Schichtarbeit. Verlag Peter Lang, Frankfurt/ Main, Bern, New York,
Paris 1988.

Künemund, H.
Gesundheit. In: Kohli, M., Künemund, H.. Die zweite Lebenshälfte. Gesellschaftliche
Lage und Partizipation im Spiegel des Alters-Survey, Leske und Budrich Verlag,
Opladen, 102-123, 2000.

Lehr, U.
Subjektiver und objektiver Gesundheitszustand im Lichte von
Längsschnittuntersuchungen. In: U. Lehr, H. Thomae (Hrsg.). Formen seelischen
Alterns: Ergebnisse der Bonner Gerontologischen Längsschnittstudie (BOLSA), Enke,
Stuttgart, 153-159, 1997.

Mayring, P.
Qualitative Inhaltsanalyse: Grundlagen und Techniken. Deutscher Studienverlag,
Weinheim, Basel, 2003.

Nachreiner, F., Schomann, C., Stapel, W., Nicken, P., Eden, J.. Grzech-Sukalo, H.,
Hänecke, K, Albrecht, N.
Softwaregestützte Arbeitszeitgestaltung mit BASS 4. In: Schriftenreihe der
Bundesanstalt für Arbeitsschutz und Arbeitsmedizin – Forschung – Fb1064.
Dortmund, Berlin, Dresden, (2005)

Schönfelder, E.
Entwicklung eines Verfahrens zur Bewertung von Schichtsystemen nach
arbeitswissenschaftlichen Kriterien. Peter Lang, Frankfurt/ Main, Bern, New York,
Paris, 1992.

Schwarzenau, P., Knauth, P., Kiesswetter, E., Brockmann, W., Rutenfranz, J.
Algorithmen zur computerunterstützten Schichtplangestaltung nach
arbeitswissenschaftlichen Kriterien. Zeitschrift für Arbeitswissenschaft, 38 (10 NF),
1984/ 3, 151-155, 1984

Thorne, D.R., Johnson, D.E., Redmond, D.P., Sing, H.C., Belenky, G., Shapiro, J.M.
The Walter Reed palm-held psychomotor vigilance test. In: Behavior Research
Methods, 37(1), 111-118, 2005.